WOZU WISSENSCHAFTS-GESCHICHTE?

ZIELE UND WEGE

**INTERNATIONALES SYMPOSIUM
AM 29. UND 30. MÄRZ 2019**

ÖAW

INHALT

VORWORT

HERMANN HUNGER

Am 29. und 30. März 2019 veranstaltete die Kommission für Geschichte und Philosophie der Wissenschaften ein internationales Symposium mit dem Titel „Wozu Wissenschaftsgeschichte? Ziele und Wege". Es sollte der grundsätzlichen Überlegung der Aufgabe der Kommission dienen und die Notwendigkeit, Nützlichkeit und Attraktivität der Geschichte und Philosophie der Wissenschaften sichtbar machen.

Das Nachdenken über die Geschichte der Tätigkeit der Akademie der Wissenschaften ist heute vor allem unter dem Gesichtspunkt der gesellschaftlichen Bedeutung von Wissenschaft aktuell. Die Betrachtung der Rolle der Wissenschaft in der Vergangenheit kann dabei zu ihrer Bestimmung in der Zukunft wesentlich beitragen. Bei der Einrichtung der Kommission für Geschichte und Philosophie der Wissenschaften im Jahr 2015 war eines der Ziele, „Theorie und Praxis von Wissenschaft und Forschung ...

kritisch zu reflektieren". In diesem Sinne wurden für dieses Symposium acht internationale Kollegen eingeladen, Impulsreferate zu dieser Thematik zu halten. Diese sollten sich über die Bereiche Naturwissenschaften, Medizin, Lebenswissenschaften sowie Sozial- und Geisteswissenschaften erstrecken.

Die Vortragenden näherten sich dem Thema von ihrer eigenen Kompetenz her, sodass dem Publikum ganz verschiedenartige Perspektiven geboten wurden.

Die Teilnehmenden konnten dann mit den Vortragenden ausführlich diskutieren. So wurden, wie wir hoffen, Wege zur Förderung des Kommissionsziels präsentiert.

Die Vorträge sind auf der Website des Verlages der Österreichischen Akademie der Wissenschaften einsehbar (epub.oeaw.ac.at). Um sie aber auch in gedruckter Form bekannt zu machen, wurden sie im Einvernehmen mit den Verfassern gekürzt. Diese

Hermann Hunger ist Altorientalist (Assyriologe) und Astronomiehistoriker. Seit 2015 ist er Obmann der Kommission für Geschichte und Philosophie der Wissenschaften. 1995 wurde er zum wirklichen Mitglied der Österreichischen Akademie der Wissenschaften gewählt.

Fassungen werden hiermit vorgelegt. Wir hoffen, damit einen Beitrag zur Thematik „Wissenschaft und Gesellschaft" geleistet zu haben, die einer der Schwerpunkte der Öffentlichkeitsarbeit der Akademie ist.

WISSENSCHAFTS-GESCHICHTE IM ANTHROPOZÄN[1]

JÜRGEN RENN

Es gibt bekanntlich viele Zugänge zur Wissenschaftsgeschichte. Einige davon mögen heute altmodisch oder überholt erscheinen. Aus meiner Sicht sind jedoch die älteren, traditionsreichen Zugänge zur Wissenschaftsgeschichte, etwa die sorgfältige Exegese von Texten oder die detaillierte Rekonstruktion von Erkenntnisprozessen, durch die neueren Trends, Turns und Moden keineswegs obsolet geworden, während diese zumeist ihrerseits bedeutende neue Perspektiven eröffnet haben.

Wir sollten uns einfach abgewöhnen, unterschiedliche methodische Zugänge und Erkenntnisinteressen gegeneinander auszuspielen. Sie sind fast alle nützlich und werden auch noch in Zukunft gebraucht. Vor allem aber ergänzen sie sich gegenseitig, und nur eine pluralistische Zugangsweise schützt uns vor ideologischen Einseitigkeiten.

Nehmen wir den weitverbreiteten Trend, von Wissenschafts- zur Wissensgeschichte überzugehen. Er hat lange vernachlässigte Dimensionen auch des wissenschaftlichen Wissens in den Fokus gerückt, etwa das intuitive, das praktische und das handwerkliche Wissen innerhalb und außerhalb der Wissenschaft. Wissenschaftliches Wissen erscheint

Jürgen Renn ist Wissenschaftshistoriker, er ist seit 1994 Direktor und wissenschaftliches Mitglied am Max-Planck-Institut für Wissenschaftsgeschichte.

---

[1] Eine englische Fassung dieses Beitrags wurde veröffentlicht in *The Anthropocenic Turn: The Interplay Between Disciplinary and Interdisciplinary Responses to a New Age*, Routledge 2020.

heute immer mehr als die Spitze eines Eisberges, dessen Substanz vielfältige Formen des Weltwissens sind. Die Wissensgeschichte hat der Geschichtswissenschaft insgesamt neue Möglichkeiten eröffnet, indem sie gerade auch dem Verständnis langfristiger kultureller Entwicklungen eine neue Analysedimension eröffnet hat, wie zuletzt nur die Umwelt- oder die Globalgeschichte.

Allerdings droht der Wissensgeschichte die Wissenschaft selbst gewissermaßen verloren zu gehen. Sie hat häufig die zentrale Rolle, die Wissenschaft und Technologie in unserer heutigen Welt spielen, aus den Augen verloren und nimmt die scheinbare Sonderrolle, die diese gegenüber anderen kulturellen Prozessen spielen, nicht länger als Herausforderung. Sie leugnet die alte Fortschrittsgeschichte und andere große Erzählungen, stellt ihr jedoch kaum etwas entgegen. Das gibt der Wissensgeschichte insgesamt eine postmoderne Grundierung, oder sollte ich besser sagen: Orientierungslosigkeit?

Warum aber betreiben wir überhaupt Wissenschaftsgeschichte? Ist sie immer noch Teil einer Aufklärungsbewegung? Hoffen wir immer noch auf Wissenschaft als Modellfall der Vernunft, wie es der Wiener Kreis getan hat? Oder ist Wissenschaftsgeschichte vielmehr eine Gegenbewegung, die die Übermacht bestimmter Formen der Rationalität oder der Spaltung von Subjekt und Objekt kritisiert? Geht es uns um Gerechtigkeit, etwa um globale Gerechtigkeit oder Gendergerechtigkeit oder um reine Erkenntnis? Kann die Wissensgeschichte die Wissenschaft kritisch begleiten und vielleicht sogar auf vernachlässigte Alternativen aufmerksam machen? Innerhalb der Wissenschaftsgeschichte bleiben solche Motive oft implizit, aber wir sollten uns immer wieder bewusst machen, dass der Zugang zur Wissenschaftsgeschichte, ausgehend von aktuellen Fragen, durchaus legitim ist und nicht mit dem gedankenlosen Pauschalurteil „wiggishness" einfach abgetan werden kann.

Das Anthropozän ist genau solch eine aktuelle Herausforderung. Der Begriff „Anthropozän" wurde im Jahre 2000 vom Chemie-Nobelpreisträger Paul Crutzen auf einer Konferenz zur Erforschung des Erdsystems in Mexico City vorgeschlagen. Er empfand plötzlich eine Abneigung gegen die Charakterisierung des gegenwärtigen Zustands als Teil des Holozäns, da ihm diese Charakterisierung den Einfluss des Menschen auf das Erdsystem zu verharmlosen schien. Er forderte die Delegierten auf, den Begriff „Holozän" nicht mehr zu verwenden, und suchte noch während seiner Rede nach einem besseren Begriff: „Wir sind nicht mehr im Holozän, wir sind in dem ... dem ... dem Anthropozän!" Später stellte sich heraus, dass der Begriff schon eine längere Vorgeschichte hatte, auf die ich noch näher eingehen werde.[2] Wissenschafts- und Wissensgeschichte können nach meiner Überzeugung einen entscheidenden Beitrag zum Verständnis des Anthropozäns leisten, aber nur, wenn sie die angedeuteten Einseitigkeiten überwinden. Mit anderen Worten: Das Thema des Anthropozäns ist auch für die Wissenschaftsgeschichte eine Chance, aus ihrer gelegentlich scholastisch anmutenden Zersplitterung aufzubrechen, um sich an einem wirklich großen Thema abzuarbeiten. Das lädt zugleich dazu ein, viele der Lehren der Vergangenheit zusammenzubringen: Ohne eine zur Wissensgeschichte

---

[2] Diese Schilderung beruht auf Schwägerl, Christian (2010): *Menschenzeit: Zerstören oder gestalten? Die entscheidende Epoche unseres Planeten* (München: Riemann Verlag); siehe auch Crutzen, Paul J. und Stoermer, Eugene F. (2000): The "Anthropocene", in: *Global Change Newsletter* 41, 17–18.

erweiterte Wissenschaftsgeschichte wird sich das Anthropozän nicht verstehen lassen, ebenso wenig ohne wirklich langfristige Entwicklungsprozesse, aber auch nicht, ohne die Globalgeschichte zu berücksichtigen.[3] Von einer Fortschrittsgeschichte kann angesichts des Anthropozäns keine Rede sein, wohl aber von einer Evolutionsgeschichte des Wissens, für die materielle, kognitive und soziale Dimensionen gleichermaßen relevant sein dürften.[4]

Auch mit den Mitteln von Wissenschaft und Technologie haben Menschen den Planeten massiv verändert, mit dramatischen Folgen. Es gibt praktisch keine unberührte Natur mehr. Ein großer Teil der nicht von Eis bedeckten Erdoberfläche wurde von Menschen verwandelt. Das Polareis schmilzt, der Meerwasserspiegel steigt, und die Küsten und marinen Lebensräume haben massive Veränderungen erfahren. Mehr als die Hälfte der verfügbaren Süßwasserressourcen werden von Menschen ausgebeutet. Die Meere sind übersauert und durch Aquakulturen und Plastik kontaminiert. Der Bau Tausender Dämme und extensive Abholzung haben massive Auswirkungen auf den Wasserkreislauf sowie die Erosionsrate und damit auf die Entwicklung und geografische Verbreitung zahlreicher Arten. Der Verlust der Biodiversität ist um ein Vielfaches größer, als dies ohne den Eingriff des Menschen der Fall wäre.[5] Im Schnitt wurde mindestens jedes dritte Stickstoffatom der Biosphäre schon einmal von der Düngemittelindustrie verarbeitet. Die höchste Biomasse aller lebenden Säugetiere bilden der Mensch und die von ihm domestizierten Tiere.

Menschen haben neue Materialien in Umlauf gebracht, zum Beispiel elementares Aluminium, Blei, Kadmium und Quecksilber sowie Flugascherückstände aus der Verbrennung von Kohle und Öl, die unter natürlichen Bedingungen nur selten vorkommen; aber auch Beton, Plastik und andere künstliche Materialien, von denen viele Eigenschaften besitzen, die neu und anders sind als die der natürlichen Materialien. Das Plutonium aus Kernwaffentests in der Atmosphäre verbleibt für die nächsten zig 100.000 Jahre in den Sedimentablagerungen, zerfällt dabei zunächst zu Uran und dann zu Blei. Wir messen die höchste atmosphärische Konzentration des Treibhausgases Kohlendioxid seit Hunderttausenden, wenn nicht Millionen

3 Siehe zum Beispiel Renn, Jürgen (Hg.) (2012): *The Globalization of Knowledge in History.* Studies 1 (Berlin: Edition Open Access), http://edition-open-access.de/studies/1/index.html, letzter Zugriff am 27.1.2020; Brentjes, Sonja und Renn, Jürgen (Hg.) (2016): *Globalization of Knowledge in the Post-Antique Mediterranean, 700–1500* (New York, NY: Routledge).

4 Für eine ausführliche Diskussion dieser Perspektive siehe Renn, Jürgen (2020): *The Evolution of Knowledge: Rethinking Science for the Anthropocene* (Princeton: Princeton University Press). Der nachfolgende Text beruht zum Teil auf diesem Buch, ebenso wie auf Renn, Jürgen und Scherer, Bernd M. (Hg.) (2015): *Das Anthropozän: Zum Stand der Dinge* (Berlin: Matthes & Seitz); Renn, Jürgen / Schlögl, Robert / Rosol, Christoph / Steininger, Benjamin (2017): A Rapid Transition of the World's Energy Systems, in: *Nature Outlook* 551 (7682), 176–180; Rosol, Christoph / Steininger, Benjamin / Renn, Jürgen / Schlögl, Robert (2018): On the Age of Com-

putation in the Epoch of Humankind, in: *Nature Outlook Special Issue: Digital Revolution,* https://www.nature.com/articles/d42473-018-00286-8, letzter Zugriff am 27.1.2020; Klingan, Katrin / Sepahvand, Ashkan / Rosol, Christoph / Scherer, Bernd M. (Hg.) (2014): *Textures of The Anthropocene: Grain Vapor Ray.* 4 Bde. (Cambridge, MA: MIT Press); Klingan, Katrin und Rosol, Christoph (Hg.) (2019): *Technosphäre* (Berlin: Matthes & Seitz).

5 Siehe Kolbert, Elizabeth (2015): *Das sechste Sterben. Wie der Mensch Naturgeschichte schreibt* (Berlin: Suhrkamp).

von Jahren. Selbst wenn der Einsatz fossiler Energieträger sofort gestoppt wird, würde es Tausende Jahre dauern, bevor diese Konzentration auf vorindustrielle Werte sinkt.

Einige dieser Veränderungen liefen sehr viel rascher ab, als dies bei natürlichen Prozessen der Fall ist. Die heutige Kohlendioxidkonzentration ist mindestens zehnmal, möglicherweise hundertmal schneller gestiegen als jemals zuvor im Laufe der letzten Jahrtausende. Gleichzeitig verbreiten sich neue Krankheiten durch Erreger, deren kurze Lebenszyklen eine schnelle Anpassung an neue Bedingungen ermöglichen. Wie schnell werden sich menschliche Gesellschaften an die neuen Bedingungen anpassen können? In jedem Fall wirken sich die aktuellen Veränderungen in den verschiedenen Teilen der Welt unterschiedlich aus. Da am Wasser gelegene Städte zunehmend von Überschwemmungen bedroht sind, entstehen neue Formen der Gentrifizierung, durch die trockene und sichere Orte teurer und die Armen verdrängt werden. Vormals fruchtbares Ackerland trocknet aus, weil der Regen ausbleibt, Verteilungskämpfe und Migration in reichere Länder sind die Folge. Letztendlich aber werden alle verlieren,

denn es gibt kein Entrinnen, auch nicht für die Reichen.

Kurz gesagt, die Erde verändert sich mit irreversiblen Folgen. Es besteht keine Hoffnung, dass wir je zu einem „natürlichen Stand" der Dinge zurückkehren könnten. Menschen handeln nicht vor dem Hintergrund einer unveränderbaren Natur, sondern sind tief mit ihrer Struktur verwoben und prägen sowohl ihre unmittelbare wie ihre ferne Zukunft.

Die grundlegende Revision unseres Verständnisses des Zustandes dieses Planeten lässt sich nur mit den Umwälzungen der physikalischen Vorstellungen von Raum und Zeit vergleichen, zu denen es in der Nachfolge von Einsteins Relativitätstheorien kam. In der klassischen Physik schienen Raum und Zeit die feste Bühne zu sein, auf der die Ereignisse der Welt stattfanden.

Dagegen ist diese Bühne nach Einsteins Theorie kein unveränderlicher Rahmen mehr, sondern selbst Teil des Stücks, es gibt keine absolute Unterscheidung zwischen den Handelnden und dem Bühnenbild. Raum und Zeit bleiben nicht im Hintergrund der physikalischen Prozesse, sondern nehmen an deren Dynamik teil. Die neue Situation der Erde konfrontiert uns mit einer ähnlich radi-

kalen Notwendigkeit, unsere Situation zu überdenken: Wir leben nicht in einer stabilen Umwelt, die lediglich als Bühne und Ressource für unsere Handlungen dient, wir gehören zu einer Dynamik, in der der Mensch und die nicht menschliche Welt gleichermaßen eine Rolle spielen.

Durch den Anthropozänbegriff war mit einem Male eine Brücke zwischen geologischer und historischer Zeit hergestellt. Es wurde deutlich, dass die Zeitskala der Menschheitsgeschichte untrennbar mit der geologischen Zeitskala verknüpft ist. Unser wirtschaftlicher Stoffwechsel zehrt von fossilen Energien und verbraucht innerhalb einer Zeitspanne von Jahrzehnten Ressourcen, die über Hunderte von Millionen Jahren gewachsen sind. Um es anders auszudrücken: Zurzeit verbrennen wir weltweit an einem Tag so viel Kohle, Erdgas und Erdöl, wie die Natur in 500.000 Tagen angesammelt hat – Tendenz steigend! Und genauso wie aus geologischer Zeit historische Zeit wird, macht unser Einfluss als geologische Kraft die Geschichte des Menschen zu einem wesentlichen Teil der geologischen Geschichte. Zugleich konstituiert das Anthropozän eine eigene, völlig neue Zeit, in der geologische Veränderungen schneller ablaufen als in früheren geologischen Epochen, und zwar Veränderung von einer Art, dass die kulturelle Evolution der Menschheit als Ganzes gefährdet ist. Angesichts der massiven Auswirkungen menschlicher Eingriffe in die Umwelt des Planeten sind die traditionellen Trennlinien zwischen Natur und Kultur mittlerweile problematisch geworden, da wir, wie Karl Marx es bereits formulierte, in einer „anthropologischen Natur" leben, die aus diesen Eingriffen resultiert.[6]

Wann aber hat das Anthropozän begonnen? Diese Frage hat eine doppelte Bedeutung, die mit der komplexen begrifflichen Konfiguration des Anthropozäns zu tun hat: Zunächst ist sie eine stratigrafische Frage, denn das Anthropozän wird ernsthaft als geologische Epoche untersucht. Die geologische Bedeutung des Begriffs wird von der *Anthropocene Working Group* analysiert, die wiederum der

Unterkommission für Quartärstratigraphie der *Internationalen Union für Geodäsie und Geophysik* Bericht erstattet.[7] Wie auch immer die endgültige Entscheidung der Geologiefachwelt ausfallen mag, der Anthropozänbegriff hat schon jetzt unsere Augen für eine grundlegend veränderte globale Umwelt geöffnet. Es ist übrigens bemerkenswert, dass in der Anthropozän-Arbeitsgruppe auch Historikerinnen und Historiker und Wissenschaftshistorikerinnen und Wissenschaftshistoriker mitarbeiten, denn die untersuchten Sedimente, wie zum Beispiel das von den Atombomben-Explosionen herrührende Plutoniumsignal, sind schließlich das Ergebnis historischer und insbesondere auch wissenschafts- und technikhistorischer Prozesse. Die gegenwärtige Empfehlung läuft auf eine Festlegung des Beginns des Anthropozäns auf die Zeit unmittelbar nach dem Zweiten Weltkrieg hinaus.[8]

Aber eine Festlegung des stratigrafischen Anfangspunktes ist noch keine kausale Erklärung des Anthropozäns. Und hier kommen die anderen Dimensionen des Anthropozäns ins Spiel: Das Anthropozän als Begriff ist auch das Ergebnis einer neuen Art von Erdwissenschaften, eines Übergangs von der Geologie zur Erdsystemwissenschaft, nach der wir unseren Planeten als nicht lineares komplexes System mit vielen Rückkopplungsschlaufen verstehen können. Das Erdsystem ist nach diesem neuen Verständnis nicht nur uniformen Veränderungsprozessen unterworfen, sondern kann auch Umschlagspunkte erreichen, die zu katastrophalen Veränderungen wie zum Beispiel zu einer Schneeballerde führen können. Man spricht deshalb auch von einem neuen Katastrophismus. Es war schon lange bekannt, dass dabei die Biosphäre seit dem Beginn ihrer Existenz eine entscheidende Rolle gespielt hat.

6   Marx, Karl (1982) Ökonomisch-philosophische Manuskripte, in: *Karl Marx: Werke – Artikel – Entwürfe – März 1843 bis August 1844: Text*, hg. vom Institut für Marxismus-Leninismus beim ZK d. KPdSU und Institut für Marxismus-Leninismus beim ZK d. SED, 187–438, Gesamtausgabe: (MEGA) Karl Marx; Friedrich Engels 1.2 (Berlin: Dietz Verlag).

7   Siehe die Webseite der Anthropocene Working Group: http://quaternary.stratigraphy.org/working-groups/anthropocene, letzter Zugriff am 27.1.2020.

8   Siehe Zalasiewicz, Jan / Waters, Colin N. / Summerhayes, Colin / Wolfe, Alexander P. / Barnosky, Anthony D. / Cearreta, Alejandro / Crutzen, Paul / Ellis, Erle C. / Fairchild, Ian J. / Galuszka, Agnieszka / Haff, Peter / Hajdas,

Irka / Head, Martin J. / Ivar do Sul, Juliana / Jeandel, Catherine / Leinfelder, Reinhold / McNeill, John R. / Neal, Cath / Odada, Eric / Oreskes, Naomi / Steffen, Will / Syvitski, James / Vidas, Davor / Wagreich, Michael / Williams, Mark (2017): The Working Group on the Anthropocene: Summary of Evidence and Interim Recommendations, in: *Anthropocene* 19, 55–60.

Heute haben Erdsystemwissenschaftlerinnen und Erdsystemwissenschaftler realisiert, dass das auch für die Anthroposphäre gilt. Die Rekonstruktion früherer Klimata und Klimaveränderungen spielt dabei eine Schlüsselrolle auch für die Beurteilung der Randbedingungen für die Zukunft des globalen Klimas. Christoph Rosol beschäftigt sich deshalb zurzeit an unserem Institut mit der Geschichte der Paläoklimatologie und ihrer Rolle bei der Entstehung der Klimamodellierung sowie in der epistemischen Formierung der geologischen Tiefenzeit.[9]

Dieser Abgleich der durch Menschen verursachten globalen Erwärmung mit früheren Klima-Ereignissen zeigt nicht nur, dass, wenn wir so weitermachen, das Erdsystem unweigerlich zu einem Treibhauszustand geführt wird, in dem wir völlig neuen, äußerst unwirtlichen Lebensbedingungen ausgesetzt sind. Er zeigt auch, dass die Geschwindigkeit der Veränderungen und der Zustand, in den wir dadurch versetzt werden, kaum ein Analogon in der Erdgeschichte kennt. Erdsystemwissenschaftlerinnen und Erdsystemwissenschaftler sprechen daher nicht nur von dringenden politischen und ökonomischen Maßnahmen, die es braucht, um dies zu verhindern, sondern auch von der Notwendigkeit eines „kuratierten" Erdzustandes innerhalb planetarer Belastungsgrenzen. Das wirft fundamentale ethische und politische Fragen auf.[10]

Aber welche Maßnahmen auch immer wir ergreifen, sie werden wesentlich vom verfügbaren Wissen über die Wechselwirkung zwischen dem Erdsystem und seinen menschlichen Komponenten abhängig sein. Wir führen ein globales Experiment mit einem System durch, das sich selbst bereits verändert; unsere Eingriffe sind zwar wissensbasierte, haben aber stets auch nicht intendierte Konsequenzen, sie führen gewissermaßen zu Veränderungen des Erde-Mensch-Systems zweiten Grades. Folglich haben wir uns selbst mehr denn je von unserem Verständnis dieses komplexen dynamischen Systems und unserer Eingriffe darin abhängig gemacht. Das Verständnis der Evolution des Wissens ist daher von zentraler Bedeutung für unsere Zukunft im Anthropozän.

Für einen Historiker steht zunächst einmal die Frage im Vordergrund: Wie sind wir nur in diese Situation hineingeraten? Niemand wollte doch ernsthaft den Planeten zerstören! Eine naheliegende Antwort ist der Verweis auf die Industrialisierung und insbesondere den Ressourcen fressenden globalen Kapitalismus.

Es gibt daher auch den Vorschlag, statt vom Anthropozän vom Kapitalozän zu sprechen, um nicht abstrakt die Menschheit, sondern den verantwortlich oder besser: unverantwortlich handelnden Teil der Menschheit ins Zentrum der Aufmerksamkeit zu rücken.[11] Aber eine

9   Rosol, Christoph (2015): „Hauling Data: Anthropocene Analogues, Paleoceanography and Missing Paradigm Shifts, in: *Historical Social Research* 40 (2), 37–66; (2017): Data, Models and Earth History in Deep Convolution: Paleoclimate Simulations and their Epistemological Unrest, in: *Berichte zur Wissenschaftsgeschichte* 40 (2), 120–139.

10   Siehe Steffen, Will / Rockström, Johan / Richardson, Katherine / Lenton, Timothy M. / Folke, Carl / Liverman, Diana / Summerhayes, Colin P. / Barnosky, Anthony D. / Cornell, Sarah E. / Crucifix, Michel / Donges, Jonathan F. / Fetzer, Ingo / Lade, Steven J. / Scheffer, Marten / Winkelmann, Ricarda / Schellnhuber, Hans Joachim (2018): Trajectories of the Earth System in the Anthropocene, in: *Proceedings of the National Academy of Sciences of the United States of America* 115 (33), 8252–8259.

11   Siehe Altvater, Elmar (2016): The Capitalocene, or, Geoengineering Against Capitalism's Planetary Boundaries, in: Moore, J. W.

solche semantische Verschiebung würde aus meiner Sicht das Problem verharmlosen, weil es ja nicht in erster Linie um die Benennung von Schuldigen geht, sondern um ein Verständnis komplexer Prozesse – gerade auch mit der Perspektive, diese in Zukunft anders gestalten zu müssen. Vor allem aber würde eine Aufgabe des Anthropozänbegriffs die Brücke abbrechen, die dieser Begriff zwischen den Naturwissenschaften und den Humanwissenschaften geschaffen hat und der auch für die Wissenschafts- und Technikgeschichte völlig neue Perspektiven eröffnet.

Die Frage, welche Prozesse und Dynamiken uns ins Anthropozän geführt haben, wird gegenwärtig breit diskutiert.[12] Vorschläge reichen vom durch Menschen verursachten Aussterben von Megafauna seit dem späten Pleistozän über das Neolithi-

kum, die frühe Neuzeit, die industrielle Revolution bis zur Großen Beschleunigung der 1950er-Jahre. Alle diese Meilensteine haben Spuren in der Erdgeschichte hinterlassen: der Verlust von Biodiversität und die Dominanz domestizierter Tiere und Pflanzen, die Zusammenführung erdgeschichtlich getrennter Biota durch die Kolonisierung von Amerika, der rapide Anstieg des CO_2-Ausstoßes seit der industriellen Revolution, der exponentielle Anstieg kritischer Parameter des Erdsystems seit der Großen Beschleunigung usw. Alle diese Meilensteine haben aber auch zugleich menschliche Handlungsmöglichkeiten verändert, und zwar sowohl erweitert als auch im Sinne von Pfadabhängigkeiten eingeschränkt.

Diese großräumigen Zusammenhänge lassen sich nur vor dem Hintergrund einer Auffassung der kulturellen Evolution verstehen, die dem Wissen und dann auch der Wissenschaft eine wichtige Rolle einräumt. Das gibt auch der Wissenschaftsgeschichte umgekehrt eine neue Bandbreite. Die historische Epistemologie hat Wissenschaftsgeschichte und Philosophie miteinander verbunden, leider nur ausnahmsweise auch mit der Psychologie und den Kognitions-

wissenschaften. Der materielle Turn hat sie enger mit den Medien-, den Technik- und den Kunstwissenschaften zusammengebracht, der soziale Konstruktivismus hat Perspektiven der Soziologie und der „science studies" eingebracht. Das Anthropozän lässt sich allerdings nur verstehen, wenn alle diese Dimensionen mobilisiert werden und wenn dazu noch die Herausforderung angenommen wird, die großräumige Dynamik kultureller Evolution zu verstehen.

Bisher wurde die Kulturevolution in mehr oder weniger enger Analogie zur biologischen Evolution gesehen – oder genauer gesagt zu einer traditionellen Auffassung der Evolution, bei der klassischerweise Mechanismen der Transmission und der Selektion und die Rolle von Fitnesslandschaften im Vordergrund stehen. Als Grundlage für ein Verständnis der Kulturevolution ist das eine reduktionistische Sicht, die von den meisten Kulturwissenschaftlerinnen und Kulturwissenschaftlern aus den Geistes- und Sozialwissenschaften zu Recht skeptisch gesehen wird.[13]

(Hg.): *Anthropocene or Capitalocene? Nature, History, and the Crisis of Capitalism* (Oakland, CA: PM Press), 138–152.

[12] Siehe Davies, Jeremy (2016): *The Birth of the Anthropocene* (Oakland, CA: University of California Press); Zalasiewicz, Jan / Waters, Colin N. / Williams, Mark / Summerhayes, Colin (Hg.) (2018): *The Anthropocene as a Geological Time Unit: A Guide to the Scientific Evidence and Current Debate* (Cambridge: Cambridge University Press).

[13] Für das Folgende siehe Laubichler, Manfred D. und Renn, Jürgen (2015b): Extended Evolution: A Conceptual Framework for Integrating Regulatory Networks

Zwei weitere Faktoren spielen dabei eine wichtige Rolle, zum einen die regulativen Mechanismen komplexer Systeme, also die organismische Entwicklungsdynamik, die unter dem Stichwort „Evo-Devo" verhandelt wird, und zum anderen die Rolle der durch die Organismen selbst bewirkten und auf diese zurückwirkenden Umweltveränderungen, die unter dem Stichwort der „niche construction" verhandelt werden. Aus der Sicht der Kulturevolution sind beide offensichtlich ganz entscheidende Faktoren. Die Kultur menschlicher Gesellschaften ist nicht einfach eine Ansammlung von Memen, von denen einige tradiert werden und andere nicht, sondern sie unterliegt komplexen regulativen Mechanismen, die traditionell Gegenstand der Kultur- und Sozialwissenschaften sind. Erst eine Berücksichtigung dieser vielfältigen regulativen Strukturen sozialer Systeme macht eine Beschreibung

and Niche Construction, in: *Journal of Experimental Zoology Part B: Molecular and Developmental Evolution* 324 (7), 565–577; Renn, Jürgen und Laubichler, Manfred D. (2017): Extended Evolution and the History of Knowledge: Problems, Perspectives, and Case Studies, in: Stadler, Friedrich (Hg.): *Integrated History and Philosophy of Science*, 109–125, Vienna Circle Institute Yearbook 20 (Cham: Springer).

von Kulturentwicklung realistisch, ohne sie auf simple Analogien zu Mechanismen der Tradierung und der Selektion von Einzelelementen der Kultur zu reduzieren. Und menschliche Kultur besteht natürlich wesentlich in einer „niche construction", also in der Konstruktion und Tradierung materieller Umwelten, von der Architektur über die Technik bis hin zu den Symbolsystemen, auf denen insbesondere die Tradierung von Wissen beruht.

Die Rolle von Wissen wird in der gegenwärtigen, zum Teil sehr technischen Diskussion über Kulturevolution dramatisch unterschätzt. Deshalb könnte eine wichtige Aufgabe der Wissenschafts- und Wissensgeschichte darin bestehen, genau diese Lücke zu füllen, um auch umgekehrt von der breiten Perspektive der Kulturevolution zu profitieren. Sie hätte dabei sogar eine wichtige Einsicht für das Verständnis von Evolution einzubringen: Konstruierte Nischen wirken auf den Evolutionsprozess nicht nur dadurch zurück, dass sie die äußere Fitnesslandschaft verändern, unter der sich Systeme entwickeln, sondern sie fungieren auch als erweiterte Bestandteile der sich entwickelnden Systeme selbst. Die Möglichkeiten von Handeln und Denken

sind schließlich wesentlich durch die jeweils verfügbare materielle Kultur geprägt. Sie ist integraler Bestandteil der regulativen Strukturen der komplexen Systeme, über die wir reden, also insbesondere von Handlungs- und Wissenssystemen.

Die Entstehung abstrakter Begriffe wie der Begriffe von Zahl, Gewicht, Raum, Zeit oder Energie zum Beispiel wurden erst auf der Grundlage bestimmter materiell vermittelter Erfahrungen möglich, · der Energiebegriff etwa erst, nachdem eine tatsächliche Transformation der Bewegungskraft, zum Beispiel der Ersatz der menschlichen Kraft durch Wind- oder Wasserkraft und später durch die Dampfmaschine, historisch als materielle Praxis entstanden war. Oder man denke an die entscheidende Rolle von „externen Repräsentationen" wie Schrift- oder Symbolsystemen, die ja ebenfalls Teil der materiellen Kultur sind, für die Entstehung bestimmter Denk- und Handlungsformen, wie die Entstehung der Mathematik.[14] Manfred

14 Siehe zum Beispiel Damerow, Peter (1996a): *Abstraction and Representation: Essays on the Cultural Revolution of Thinking*. Übersetzung: Renate Hanauer. Boston Studies in the Philosophy and History of Science 175 (Dordrecht: Kluwer Academic Publishers); Schemmel,

Laubichler und ich sprechen deshalb auch von regulativen Nischen und haben das Konzept einer „extended evolution" vorgeschlagen, die Ideen der Theorie komplexer regulativer Systeme mit der Theorie der „niche construction" verbindet.[15]

Aus Sicht einer „extended evolution" gilt es also, zu verstehen, wie sich im Laufe der Geschichte regulative Strukturen menschlicher Gesellschaften in Veränderungen unserer materiellen Umwelt niedergeschlagen haben und wie diese Veränderungen umgekehrt neue regulative Strukturen ermöglicht oder verhindert haben. Erhellend ist dabei der Blick auf die durch diese Prozesse ausgelösten langfristigen Pfadabhängig-

keiten, die darin bestehen, dass sich materielle Kontingenzen und soziale Konjunkturen auch dann noch auf Entwicklungen auswirken können, wenn ihre unmittelbare kausale Wirkung schon lange nicht mehr vorhanden ist.

Das eröffnet auch einen neuen Blick auf die Wissenschaftsgeschichte und erlaubt es, ihrer Ambivalenz von Fortschrittsdenken und Historismus zu entrinnen: Denn auf der einen Seite sind wir berechtigt, von funktionaler Ausdifferenzierung und der Akkumulation von Handlungsmöglichkeiten zu sprechen, müssen aber auf der anderen Seite erkennen, dass es sich immer nur um lokale Anpassungen und Optimierungen unter kontingenten Randbedingungen handeln kann, dass veränderte Bedingungen wiederholt neues Denken und Handeln nötig gemacht haben und auch heute wieder nötig machen und dass es schließlich keine Garantie dafür gibt, dass die Prozesse der Wissensproduktion, die uns ins Anthropozän gebracht haben, auch ausreichen werden, um darin zu überleben.

Was aber bedeutet vor diesem Hintergrund eine Wissenschaftsgeschichte für das Anthropozän konkret? Sie stellt Fragen nach der Dynamik der

sich über lange Zeiträume intensivierenden Mensch-Umwelt-Wechselwirkungen und sie untersucht das Zusammenwirken materieller und epistemischer Praktiken im Rahmen spezifischer Wissensökonomien.[16] Die „Wissensökonomie" bezeichnet dabei die Gesamtheit der gesellschaftlichen Institutionen und Prozesse, die das einer Gesellschaft zur Verfügung stehende Wissen und insbesondere das Wissen, auf dem ihre Reproduktion als Ganzes beruht, produzieren und reproduzieren. Während Wissen Einzelpersonen ermöglicht, ihre Handlungen zu planen und über die Ergebnisse nachzudenken, kann eine Gesellschaft oder eine Institution nicht „denken", sondern lediglich die Folgen ihres Handelns innerhalb ihrer Wissensökonomie antizipieren. Die Grenzen von Wissensökonomien dürften eine entscheidende Rolle für Kollapsphänomene historischer Gesellschaften gespielt haben, wie sie zum Beispiel der Evolutionsbiologe

Matthias (2016a): *Historical Epistemology of Space: From Primate Cognition to Spacetime Physics.* Springer Briefs in History of Science and Technology (Cham: Springer); Schemmel, Matthias (Hg.) (2016b): *Spatial Thinking and External Representation: Towards a Historical Epistemology of Space.* Studies 8 (Berlin: Edition Open Access), http://edition-open-access.de/studies/8/index.html, letzter Zugriff am 27.1.2020.

[15] Laubichler, Manfred D. und Renn, Jürgen (2015b): Extended Evolution: A Conceptual Framework for Integrating Regulatory Networks and Niche Construction, in: *Journal of Experimental Zoology Part B: Molecular and Developmental Evolution* 324 (7), 565–577.

[16] Für das Konzept einer Wissensökonomie siehe Renn, Jürgen (Hg.) (2012): *The Globalization of Knowledge in History.* Studies 1 (Berlin: Edition Open Access), http://edition-open-access.de/studies/1/index.html, letzter Zugriff am 27.1.2020.

Jared Diamond betrachtet hat.[17] Eine Wissensgeschichte des Anthropozäns sollte deshalb auch eine Geschichte der Wissensökonomien einschließen, in denen Wissen mit letztlich planetaren Auswirkungen produziert, geteilt und reproduziert wurde – oder eben gerade nicht produziert wurde. Entscheidend für den Wandel von Wissen und Wissensökonomien ist die materiell vermittelte Koevolution von Wissenssystemen und Wissensgemeinschaften.

Für ein Verständnis des Anthropozäns ist die Rolle von Materialität schon deshalb von entscheidender Bedeutung, weil dieser Begriff die strikte Unterscheidung der Sphären von Natur und Kultur infrage stellt. Wenn etwa die Sedimente, auf die sich die Stratigrafie des Anthropozäns bezieht, keine Ablagerungen natürlicher Prozesse mehr sind, sondern hybride Residuen, in denen natürliche und menschliche Prozesse und ihre jeweiligen Zeitdimensionen unentwirrbar verschmolzen sind, dann bilden diese natürlich-kulturellen Schichten und die in ihnen enthaltenen „Technofossilien" her-

ausfordernde Objekte nicht nur für die Geologie und die Geschichtswissenschaft, sondern überhaupt für ein Wissenschaftsverständnis, dem die Unterscheidung zwischen Natur- und Kulturwissenschaften als Organisationsform eingeschrieben ist.[18]

Das Anthropozän lässt sich jedoch auch als begriffliche Transformation der Erdwissenschaften keineswegs als Kuhn'scher Paradigmenwechsel verstehen. Wie eigentlich alle Transformationsprozesse von Wissenssystemen und Wissensökonomien war dieses Konzept nicht das Ergebnis einer revolutionären Wende, sondern, wie Giulia Rispoli an unserem Institut gezeigt hat, Resultat einer langfristigen Entwicklung, zu der insbesondere auch bisher weitgehend ignorierte sowjetische Wissenschaftlerinnen und Wissenschaftler beigetragen haben.[19] Die Idee, dass

die Erde durch menschliche Aktivitäten grundlegend verändert wurde, ist jedenfalls alles andere als neu. Die Popularisierung des Anthropozän-Konzeptes hat sogar zu einer inzwischen kanonisch gewordenen Liste von Vorläufern geführt, zu denen Georges-Louis Leclerc de Buffon im 18. Jahrhundert, George Perkins Marsh im 19. Jahrhundert und der russische Biogeochemiker Vladimir I. Vernadsky in der ersten Hälfte des 20. Jahrhunderts gehören.[20] Allerdings eröffnet eine solche Liste noch keinen Blick auf die systematischen Veränderungen von Wissensproduktion, die der neuen Konzeption zugrunde liegen.

[17] Diamond, Jared M. (2011): *Kollaps: Warum Gesellschaften überleben oder eingehen* (Frankfurt am Main: Fischer Verlag).

[18] Siehe die Diskussion in Nelson, Sara / Rosol, Christoph / Renn, Jürgen (Hg.) (2017): *The Anthropocene Review (Special Issue): Perspectives on the Technosphere.* Bd. 4, 1–2 (London: SAGE Publications); Klingan, Katrin / Sepahvand, Ashkan / Rosol, Christoph / Scherer, Bernd M. (Hg.) (2014): *Textures of The Anthropocene: Grain Vapor Ray.* 4 Bde. (Cambridge, MA: MIT Press).

[19] Rispoli, Giulia (2014): Between Biosphere and Gaia: Earth as a Living Organism in Soviet

Geo-Ecology, in: *Cosmos and History*, 10 (2), 78–91; Grinevald, Jacques und Rispoli, Giulia (2018): Vladimir Vernadsky and the Co-evolution of the Biosphere, the Noosphere and the Technosphere, in: *Technosphere Magazine*, 1–9, https://technosphere-magazine.hkw.de/p/Vladimir-Vernadsky-and-the-Co-evolution-of-the-Biosphere-the-Noosphere-and-the-Technosphere-nuJGbW9KPxr-REPxXxz95hr, letzter Zugriff am 27.1.2020.

[20] Für einen historischen Überblick siehe Trischler, Helmuth (2016): The Anthropocene: A Challenge for the History of Science, Technology, and the Environment, in: *NTM Zeitschrift für Geschichte der Wissenschaften, Technik und Medizin* 24 (3), 309–335.

Will man einen so langfristigen, verwickelten Prozess genauer untersuchen, an dem neben Wissenschaftlern auch NGOs und Politiker teilhatten, braucht man zunächst einmal Verfahren, um mit Massendaten umzugehen. Das setzt Methoden der Computational Humanities voraus, insbesondere auch Analysemethoden, die sich auf Zehntausende von Publikationen aus den verschiedensten Gebieten anwenden lassen, aber auch einen grundsätzlich neuen Zugang zum Verständnis der Koevolution von Wissen und Wissensgemeinschaften. Ein solcher Zugang ist die epistemische Netzwerkanalyse, wie sie an unserem Institut gegenwärtig unter anderem von Roberto Lalli, Manfred Laubichler, Matteo Valleriani und Dirk Wintergrün entwickelt wird.[21]

Die erste Herausforderung einer solchen Netzwerkanalyse ist in der Tat konzeptionell: Sie besteht im Verständnis der materiell vermittelten Wechselwirkung zwischen sozialen und semantischen Netzwerken, denn die Entstehung eines neuen Paradigmas, um mit Kuhn zu sprechen, ist in der Tat zugleich ein sozialer und ein semantischer Prozess, ist aber nicht ohne die Rolle der materiellen Kultur denkbar.

Der Schlüssel für das Verständnis der Wechselwirkung zwischen sozialen und semantischen Netzwerken liegt jedenfalls in der Erkenntnis, dass diese Wechselwirkung im Rahmen einer gegebenen Wissensökonomie durch die vorhandenen Experimentalsysteme, Modellierungsmöglichkeiten und wissenschaftlichen Publikationen vermittelt wird. Diese Elemente der materiellen Kultur der Wissenschaft lassen sich ihrerseits als Teile eines semiotischen Netzwerks materieller Beziehungen auffassen, sodass das analytische Problem im Verständnis der Wechselwirkung dreier verschiedener Netzwerktypen liegt, also der zwischen dem Netzwerk der beteiligten Personen, dem Netzwerk der relevanten Begriffe und dem Netzwerk, das Artefakte und andere materielle Repräsentationen des Wissens, also zum Beispiel Publikationen und ihre Zitationsnetzwerke, umfasst. Die Entstehung neuer epistemischer Gemeinschaften und neuer Cluster von Begriffen, die dann zu Schlüsselbegriffen eines neuen Wissenssystems werden, lässt sich dann an den Veränderungen dieser Netzwerkstrukturen ablesen.

Das klingt kompliziert? Es ist in der Tat kompliziert. Und es stellt auch eine Herausforderung an die Mathematik und die Informatik dar, neue Algorithmen und Methoden zur Analyse dieser komplexen Wechselwirkungen zu entwickeln. Dennoch zeigen unsere bisherigen Fallstudien, dass dies ein Ansatz ist, mit dem man die Koevolution von Wissenssystemen und Wissensgemeinschaften detailliert analysieren kann. Da diese Fallstudien sich bisher auf andere Themen konzentrieren, will ich hier nur kurz darauf eingehen. Sie zeigen jedenfalls allesamt, wie neue sozio-epistemische Strukturen aus einer Wechselwirkung zwischen neuen, materiell vermittelten Erfahrungen und Selbstorganisationsprozessen von epistemischen Gemeinschaften hervorgehen können.

Aber noch einmal zurück zum Anthropozän. Wie kann man die verschiedenen Vorschläge für den Beginn des Anthropozäns aus der Perspektive einer Theorie der Wissensevolution aufeinander beziehen? Verschiedene Prozesse haben jeden-

21 Siehe Wintergrün, Dirk / Renn, Jürgen / Lalli, Roberto / Laubichler, Manfred D. / Valleriani, Matteo (2015b): Netzwerke als Wissensspeicher, in: Mittelstraß, Jürgen (Hg.): *Die Zukunft der Wissensspeicher: Forschen, Sammeln und Vermitteln im 21. Jahrhundert*. Konstanzer Wissenschaftsforum (Konstanz: Universitätsverlag Konstanz).

falls in einer noch näher zu klärenden Art und Weise aufeinander aufgebaut.

Ohne die sogenannte neolithische Revolution wäre die urbane Revolution nicht denkbar gewesen, ohne die urbane Revolution hätte es wohl – mangels Arbeitsteilung – keine Wissenschaft und gewiss keine wissenschaftliche Revolution gegeben und ohne wissenschaftliche Revolution wohl auch weder Kolonialismus noch industrielle Revolution. Das ist natürlich keine zwangsläufige Kausalkette, und ob meine Behauptung, dass es sich hierbei immerhin um eine Sequenz notwendiger Voraussetzungen handelt, überhaupt richtig ist, bleibt im Einzelnen zu überprüfen.

Bemerkenswert scheint mir jedenfalls der Umstand, dass sich einige dieser Entwicklungszusammenhänge als die kontingente Entstehung und Akkumulation von sich selbst verstärkenden Rückkopplungsmechanismen innerhalb eines zunehmend komplexer werdenden Weltsystems auffassen lassen. Nehmen wir einmal den – insbesondere im Kontext der Thesen von Joel Mokyr – viel diskutierten Zusammenhang von wissenschaftlicher und industrieller Revolution.[22] Wie es auch im Einzelnen um den genetischen Zusammenhang dieser gesellschaftlichen Transformationen bestellt sein mag, so ist jedenfalls unzweifelhaft, dass spätestens in der sogenannten zweiten industriellen Revolution Wissenschaft und technologische Entwicklung zunehmend in den Dienst industrieller Produktion genommen wurden. Seitdem treiben sich technologische, aber auch wissenschaftliche Innovationen und ökonomisches Wachstum nicht nur gegenseitig an, sondern beziehen immer weitere Bereiche sozioökonomischer Entwicklung in ein beschleunigtes Wachstum ein, einschließlich Bevölkerungswachstum, globaler Ressourcenausbeutung sowie globaler Mobilität und Vernetzung.

Diese Große Beschleunigung spiegelt sich, spätestens seit den 1950er-Jahren deutlich erkennbar, in entsprechend rasanten Veränderungen kritischer Parameter des Erdsystems, wie dem Anstieg von Treibhausgasen und der Erosion von Böden, wider.[23]

Mit anderen Worten: Das Erdsystem ist eigentlich kein Erdsystem mehr, sondern ein gekoppeltes Mensch-Erde-System. Neben die Atmosphäre, Lithosphäre und Biosphäre ist eine Technosphäre mit eigener Dynamik getreten.

Die sich selbst verstärkende globale Rückkopplung ökonomischer und wissenschaftlich-technologischer Expansion ist nur das offensichtlichste Beispiel solcher dynamischen Mechanismen. Wie sich die verschiedenen daran beteiligten Rückkopplungsmechanismen im Einzelnen entfaltet haben, ist eine Frage, die weiterer Forschung an der Schnittstelle zwischen Wissenschaftsgeschichte und anderen Disziplinen bedarf, und zwar nicht nur mit der Wirtschafts- und Sozialgeschichte, sondern auch mit der Umwelt- und Materialgeschichte. Hier ist nämlich nicht einfach ein universeller Mechanismus am Werk, sondern historisch spezifische Wechselwirkungen, die zutiefst

---

[22] Siehe Mokyr, Joel (2002): *The Gifts of Athena: Historical Origins of the Knowledge Economy* (Princeton, NJ: Princeton University Press).

[23] Siehe McNeill, John R. und Engelke, Peter (2014): *The Great Acceleration: An Environ-*

mental History of the Anthropocene Since 1945 (Cambridge, MA: The Belknap Press of Harvard University Press); Steffen, Will / Broadgate, Wendy / Deutsch, Lisa / Gaffney, Owen / Ludwig, Cornelia (2015): The Trajectory of the Anthropocene: The Great Acceleration, in: *The Anthropocene Review* 2 (1), 81–98.

von der Materialität der beteiligten Stoffe geprägt sind.

Zur Wissensgeschichte des Anthropozäns gehören deshalb auch Stoffgeschichten, wie der Chemiker Armin Reller sie genannt hat, zum Beispiel eine Stoffgeschichte des Stickstoffs oder der Kohle.[24] Unter welchen ökologischen und sozialen und epistemischen Voraussetzungen konnte Kohle zum Stoff der industriellen Revolution werden? Eine Globalgeschichte der Kohle ist eine Forschungslücke, die mein Kollege Helge Wendt gerade zu füllen versucht. Sicher ist jedenfalls, dass es jeweils sehr spezifische lokale Voraussetzungen waren, die zu sehr unterschiedlichen Zeitpunkten zum Ausgangspunkt einer sich selbst beschleunigenden, am Ende globalen Dynamik in der Verwendung von Kohle wurden.[25]

Die Energiewende von Holz zu Kohle war wesentlich eine Folge gesellschaftlicher und technischer Innovationen, die sich im Laufe circa eines Jahrhunderts unter günstigen lokalen ökologischen Bedingungen durchgesetzt haben. Neben Helge Wendt beschäftigt sich an unserem Institut Thomas Turnbull mit der Logik solcher Ressourcentransformationen.[26]

Neben den lokalen gab es allerdings auch globale Faktoren der Energiewende von Holz zu Kohle, vor allem den europäischen Kolonialismus. Auch in den Kolonialgebieten, ebenso in China und den unabhängigen lateinamerikanischen Staaten, kam es zu Umwandlungen der Produktionssysteme. Durch den Einsatz von mehr Arbeitskräften konnten in Europa nachgefragte Produkte in

großen Mengen angefertigt werden. Diese sogenannte „industrious revolution" erhöhte nicht nur das Konsumangebot auf dem europäischen Markt, sondern stellte auch eine gewisse Konkurrenz dar.[27] Die globale Dominanz der europäischen Mächte hielt diese Konkurrenz jedoch klein und stärkte letztlich die Stellung der auf Kohle setzenden europäischen Kapitalindustrie gegenüber möglichen Wettbewerbern und alternativen Formen der Wirtschaft. Das geschah zum Beispiel durch die Investition von britischem Kapital in nicht europäischen Bergbau oder durch die Monopolisierung der europäischen Produktion, etwa durch den Ausschluss indischer Baumwollindustrie vom europäischen Markt.

Steinkohle wurde vornehmlich in solchen Bereichen zunehmend genutzt, in denen bereits ein intensiver Einsatz von Holzkohle bestand: In Schmelzen, in Schmieden, aber auch im Siede-, Brauerei- und Färbereigewerbe saß die Steinkohle auf der Verwendung von Braunkohle auf. Ein unterschiedlich lang andauern-

[24] Siehe die Reihe „Stoffgeschichten", eine Kooperation des oekom e.V. und des Wissenschaftszentrums Umwelt der Universität Augsburg: https://www.uni-augsburg.de/de/forschung/einrichtungen/institute/wzu/ueber-uns/stoffgeschichten/, letzter Zugriff am 29.7.2020.

[25] Wendt, Helge (2016): Coal Mining in Cuba: Knowledge Formation in a Transcolonial Perspective, in: Wendt, Helge (Hg.): *The Globalization of Knowledge in the Iberian Colonial World*, 261–296 (Berlin: Edition Open Access), http://edition-open-access.de/

proceedings/10/12/index.html, letzter Zugriff am 27.1.2020; (2016): Kohle in Akadien. Transformationen von Energiesystemen und Kolonialregimen (ca. 1630–1730), in: *Francia* 43, 118–136.

[26] Das Folgende beruht auf Hinweisen von Helge Wendt und Thomas Turnbull. Siehe auch Turnbull, Thomas (2018): Review of: Bonneuil, Christophe und Jean-Baptiste Fressoz: The Shock of the Anthropocene. London: Verso 2017. *Journal of Energy History/Revue d'histoire de l'énergie (JEHRHE)*, 1, 1–13.

[27] De Vries, Jan (2012): *The Industrious Revolution: Consumer Behavior and the Household Economy, 1650 to the Present* (Cambridge: Cambridge University Press).

der Ablösungsprozess setzte ein, der eine Vielzahl neuen Wissens in den verschiedenen Produktionszweigen generierte. Zudem entwickelten sich neue Verwendungszweige für die Vielzahl von eigentlichen Abfallprodukten: Kohlegas aus der Verkokung wurde neues Leuchtmittel, der Teer aus derselben Produktion wurde nun in der wachsenden Chemieindustrie verwendet: Das Stichwort „Anilin" steht stellvertretend für die Breite an chemischen Stoffen, die in zunehmend aufwendigen Destillationen aus dem Ursprungsstoff Steinkohle gewinnbringend isoliert werden konnten.

Viele weitere Kopplungen, etwa die zwischen Kohle als Energieträger und Eisen als Baustoff für Maschinen, haben schließlich zu der großen Transformation beigetragen, die wir als industrielle Revolution bezeichnen. Während solche Kopplungen gerade für die industrielle Revolution recht gut untersucht sind, sind andere Mechanismen, die uns ins Anthropozän katapultiert haben, noch weitgehend Forschungsdesiderate, zum Beispiel die Rolle der Katalyse, mit der sich Benjamin Steininger im Rahmen des Exzellenzclusters „Unifying Systems in Catalysis" be-

schäftigt.[28] Sie ist einer der Grundpfeiler der chemischen Industrie des 20. Jahrhunderts.

Mit der Ammoniaksynthese traten synthetische, chemisch-industriell hergestellte Stickstoffdünger auf den Plan. Und nur aufgrund dieser synthetischen Düngemittel lässt sich die heutige Menschheit ernähren. Ohne Mineraldünger könnte die Erde nur etwa 1,5 Milliarden Menschen ausreichend ernähren. Der Rest lebt – zugespitzt formuliert – dank der Einsichten der modernen Chemie.

Andererseits sorgen jedoch jährlich produzierte ca. 150 Millionen Tonnen Ammoniak nicht nur für erwünschtes und positives Wachstum. Weltweit wird aktuell in Haber-Bosch-Anlagen ebenso viel Stickstoff aus der Luft in Ammoniak fixiert wie von allen globalen Bakterien zusammengenommen. Längst können die überdüngten Böden die Flut der Nitrate nicht mehr aufnehmen. Aus einer Mangelsituation ist ein Szenario unbeherrschbarer Überflüsse geworden.

---

[28] Vgl. Steininger, Benjamin (2019): In the Sphere of Chemical Technology, in: *Technosphere Magazine, #Metabolic* Systems, https://technosphere-magazine.hkw.de/p/In-the-Sphere-of-Chemical-Technology-6hHjidYXHxHdFjXQotmD6f, letzter Zugriff 20.1.2020.

Die Stickstoffkreisläufe, von deren Kontrolle und Schließung Chemiker wie Liebig und Haber geträumt haben, sind in dramatischem Maßstab wieder geöffnet. Die Landwirtschaft hat sich als Gesamtsystem von einer Einrichtung zur Akkumulation von Sonnenenergie zu einem Subsystem der fossilen Energietransformation gewandelt. Nicht zuletzt über Kunstdünger aus Ammoniak wird längst mehr fossile Energie in Nahrungsmittel investiert als an solarer Energie über Photosynthese in ihnen gebunden ist. Wir erkennen hier also als Charakteristikum des Anthropozäns eine zunehmende Abhängigkeit von Kreisläufen des Erdsystems von menschlichen Eingriffen, die zwar auf wissenschaftlich-technisches Wissen zurückgreifen, aber weit davon entfernt sind, auch die systemischen Konsequenzen dieser Eingriffe zu beherrschen.

Für das Thema der Kopplungen, die sich selbst beschleunigende Entwicklungen in Gang setzen, ist aber noch ein anderer Zusammenhang relevant, auf den Benjamin Steininger hingewiesen hat: Wissenschafts- und industriehistorisch stammen wichtige Teile der Petrochemie aus dem Umfeld der Nitratchemie. Er schreibt: „Nur in gegenseitiger Befruchtung von Nitrat-, Kohle- und Erdölchemie, nur durch die Übertragung von Hochdruckverfahren und Katalysatortechnik von der Chemie des Stickstoffs auf die Chemie der Kohle und dann des Erdöls konnte der industrielle Superorganismus der Petrochemie entstehen."[29] Insbesondere durch die Übertragung der Leistung von Mehrstoffkatalysatoren aus dem Bereich der Nitratchemie hinein in die Kohlenwasserstoffchemie entstand, so Steininger, am Vorabend des Ersten Weltkriegs die Materialität des 20. Jahrhunderts.

Eine weitere, bemerkenswerte Kopplung verschiedener Transformationsprozesse, auf die ich hier jedoch aus Zeitgründen nicht weiter eingehen kann, ist der Zusammenhang der digitalen Transformation mit der Großen Beschleunigung in der zweiten Hälfte des 20. Jahrhunderts. Offenbar hängt die Digitalisierung eng mit anderen globalen Transformationsprozessen zusammen, aber diese Zusammenhänge sind bisher noch kaum verstanden. Klar ist jedenfalls: Ohne die neuen Kommunikations- und Informationstechnologien wäre das rasante wirtschaftliche Wachstum nach dem Ende des Zweiten Weltkriegs, die drastische Beschleunigung in allen Bereichen menschlicher Produktivität und Ressourcenausbeutung, undenkbar gewesen. Ebenso klar ist, dass wir angesichts globaler Herausforderungen wie des Klimawandels und der notwendigen Transformation unserer Energiesysteme in Zukunft die entstandenen neuen digitalen Steuerungsmöglichkeiten brauchen und gestalten müssen, andererseits aber zunehmend von den von uns geschaffenen Steuerungsinstrumenten selbst gelenkt werden.

Wie lässt sich dieses Dilemma überwinden? Wie kann eine Koevolution technischer und menschlicher Zivilisation aussehen, in der humanistische Wertvorstellungen nicht aufgegeben werden müssen? Was das gegenwärtige Verständnis der digitalen Transformation betrifft, sind wir jedenfalls etwa auf der Erkenntnisstufe, auf der die Klimaforschung vor 30 Jahren war, also am Beginn der Erdsystemforschung.[30] In der Max-Planck-Gesellschaft denken wir deshalb zurzeit über ein Projekt nach, vielleicht sogar eine Institutsgründung aller drei Sektionen, die sich unter dem Stichwort „Geoanthropologie" mit den Zusammenhängen solcher globalen Transformationsprozesse beschäftigen soll.

Zum Schluss aber will ich noch einmal auf die Herausforderung zurückkommen, die das Anthropozän für die Wissenschaftsgeschichte bedeutet: Ihre Chancen liegen nicht nur in neuen Fragestellungen, Themen und methodischen Zugängen. Die Wissenschaftsgeschichte gewinnt in diesem Zusammenhang vielleicht auch neue Möglichkeiten, ihre Einsichten und ihr reflexives Potenzial für die Entwicklung innovativer Formen der Wissensproduktion zu nutzen. Ich denke dabei zum Beispiel an die Notwendigkeit einer Neuorientierung der gegenwärtigen Wissensökonomie – weg von immer spezialisierterer, immer mehr fragmentierter Wissensproduktion und hin zu mehr Reflexion sowie größerer

[29] Steininger, Benjamin (2018): Petromoderne Petromonströs, in: Rispoli, Giulia und Rosol, Christoph (Hg.): Special Issue of *Technology and Sublime, Azimuth, Philosophical Coordinates in Modern and Contemporary Age*, VI: 12, 22.

[30] Für einen Überblick siehe Rosol, Christoph / Steininger, Benjamin / Renn, Jürgen /

Schlögl, Robert (2018): On the Age of Computation in the Epoch of Humankind, in: *Nature Outlook Special Issue: Digital Revolution*, https://www.nature.com/articles/d42473-018-00286-8, letzter Zugriff am 27.1.2020.

globaler Verantwortung, einschließlich einer stärkeren Berücksichtigung lokaler Perspektiven und historischer Kontexte. Yehuda Elkana hat einen solchen Perspektivwechsel einmal mit dem Stichwort einer Wende vom lokalen Universalismus hin zu einem globalen Kontextualismus zu erfassen versucht.[31]

Gegenwärtig erproben wir solche neuen Formen kooperativer Wissensproduktion gemeinsam mit dem Haus der Kulturen der Welt in Berlin, im Rahmen der gemeinsamen Plattform „Anthropocene Curriculum".[32] Das ist eine Art Labor für neue Formen von Forschung und Bildung, an dem mehr als 300 internationale Wissenschaftlerinnen und Wissenschaftler sowie Künstlerinnen und Künstler beteiligt sind und das zu zwei großen Anthropozän-Campus-Events in Berlin und zahlreichen Spin-off-Projekten auf der ganzen Welt geführt hat. Durch die Kuratie-

rung neuer Formen des Engagements an der Schnittstelle von Naturwissenschaften, Geisteswissenschaften, Design und Kunst versuchen wir, die zahlreichen Facetten der Anthropozän-Forschung produktiv miteinander zu verbinden und dabei natürlich auch für eine Wissenschafts- und Wissensgeschichte neue Anregungen zu finden und umgekehrt die Wissenschaftsgeschichte in zahlreiche andere Diskurse einzubringen.[33]

---

[31] Siehe Elkana, Yehuda (2012): The University of the 21st Century: An Aspect of Globalization, in: Renn, Jürgen (Hg.): *The Globalization of Knowledge in History*, 605–630, Studies 1 (Berlin: Edition Open Access), http://edition-open-access.de/studies/1/29/index.html, letzter Zugriff am 27.1.2020.

[32] Siehe https://www.anthropocene-curriculum.org, letzter Zugriff am 27.1.2020.

[33] Für nähere Hinweise auf die hier nur kurz skizzierten Forschungen am Max-Planck-Institut für Wissenschaftsgeschichte siehe die ausführlichen Arbeitsberichte des Instituts: https://www.mpiwg-berlin.mpg.de/research-reports, letzter Zugriff am 27.1.2020.

WOZU MEDIZIN-GESCHICHTE?[1]

HEINER FANGERAU
FABIO DE SIO

EINLEITUNG

Vor fünf Jahren äußerte sich der Herausgeber der viel gelesenen medizinischen Zeitschrift „The Lancet", Richard Horton, wenig schmeichel-

Heiner Fangerau ist Medizinhistoriker und Medizinethiker, er ist seit 2016 Direktor des Instituts für Geschichte, Theorie und Ethik der Medizin der Heinrich-Heine-Universität Düsseldorf.

haft über die institutionalisierte Medizingeschichte. Sie sei im Sterben begriffen. Medizinhistoriker sollten sich einerseits fragen, welche Bedeutung ihre Forschung für die Gegenwart haben könne ("how an exploration of the past connects with our present"), und andererseits Ärztinnen und Ärzte darin bestärken, medizinethisch fragwürdigen Trends wie etwa der Ökonomisierung des Gesundheitswesens entgegenzutreten. Da Medizinhistorikerinnen und Medizinhistoriker diesen Anspruch aber aufgegeben hätten, seien sie unsichtbar, unhörbar und infolgedessen belanglos.[2]

Die Antwort, die wir Ihnen in den nächsten Minuten auf obige Frage

---

[1] Abschnitte der ersten Hälfte dieses Vortrages, gehalten beim Symposium „Wozu Wissenschaftsgeschichte? Ziele und Wege" der Österreichischen Akademie der Wissenschaften, 29.–30.3.2019, sind bereits erschienen in einem Aufsatz von Fangerau, Heiner und Gadebusch Bondio, Mariacarla (2015): Spannungen in der jüngeren Medizingeschichte: Legitimationsstrategien und Zielkonflikte – ein Beitrag zur Diskussion, in: *NTM – Zeitschrift für Geschichte der Wissenschaften, Technik und Medizin* 23 (1), 33–52. Hier finden sich auch weitere Referenzen. Siehe online: https://link.springer.com/content/pdf/10.1007%2Fs00048-015-0125-0.pdf (letzter Zugriff 3.6.2019).
Kleinere Anpassungen wurden vorgenommen, doch im Wesentlichen sollte das damals Geschriebene auch hier gelten.

[2] Horton, Richard (2014): The Moribund Body of Medical History, in: *The Lancet* 384.

Fabio De Sio ist wissenschaftlicher Mitarbeiter am Institut für Geschichte, Theorie und Ethik der Medizin der Heinrich-Heine-Universität Düsseldorf.

geben möchte, drängt sich – betrachten Sie die Agenda des Vortragenden Medizinhistorikers quellenkritisch – natürlich auf: „Nein, die Medizingeschichte ist nicht irrelevant", dies soll das Ergebnis des Vortrages sein. Im Gegenteil, sie wird für ihre beiden Bezugsdisziplinen, Medizin hier und Geschichte da, immer wichtiger. Sie hat es, so werden wir argumentieren, nur versäumt, sich selbstbewusst als eigenständige und aus eigenem Recht heraus bestehende geistes- und kulturwissenschaftliche Grundlagenforschung darzustellen. Im Folgenden werden wir das Spannungsverhältnis, in dem sich die Medizingeschichte bewegt, und ihre jeweiligen Rechtfertigungsbemühungen schildern und ihre jeweiligen Probleme skizzieren, bevor wir – zugegebenermaßen selbst wieder legitimatorisch – dafür plädieren werden, dass das Fach selbstbewusster auftreten und für seinen Erhalt in den Fakultäten (aus mehreren Gründen gerade in der medizinischen Fakultät) kämpfen sollte.

INSTITUTIONALISIERUNG

Die universitäre Medizingeschichte ist in den Medien immer wieder als „Orchideenfach" bezeichnet worden.

Über dieses Orchideenfach hatte die „Frankfurter Allgemeine Zeitung" im Oktober 1996 in einer Rezension noch geunkt: „Größere medizinische Fakultäten unterhalten Mannschaften von Hofhistorikern – die Institute für Geschichte der Medizin".[3] Ist die Geschichte der Medizin also ein wenig belegtes außergewöhnliches Studienfach, das aber paradoxerweise von Scharen „von Hofhistorikern" gehegt und gepflegt wird? Die sich hier offenbarende Irritation führt mitten in die deutsche institutionalisierte Medizingeschichte und legt einige ihrer Grundprobleme frei, die mit ihrer strukturellen Einbettung einhergehen. In Deutschland ist die Medizingeschichte institutionell in fast allen Fällen an den medizinischen Fakultäten angesiedelt. Sie ist an ca. 2/3 der Fakultäten mit ordentlichen Professuren (W3, W2) vertreten. Seit 1997 hat sie einige Professuren verloren, und einige Standorte wurden nach Ausscheiden der Lehrstuhlinhaber nicht wieder besetzt. Seit 2018 trennt die Potsda-

---

[3] Sturlese, Loris (1996): Nicht nur für Onkel Doktors Feierabend. Mirko Grmek präsentiert eine kulturhistorische Geschichte des medizinischen Denkens seit der Antike, in: *Frankfurter Allgemeine Zeitung* 233, 7.10.1996, S. 15.

mer Arbeitsstelle „Kleine Fächer" die groß gewordene Tochter der Medizingeschichte, die Medizinethik, von ihr ab, sodass sie nun eine weitere Ausdifferenzierung des ohnehin schon kleinen Faches konstatiert.[4] Personell hat sie sich inzwischen weit von den vermeintlichen Mannschaften entfernt, die die „Frankfurter Allgemeine" noch in den dort arbeitenden Personen (ca. 100, Stand 1999) zu erkennen glaubte. Eigene Studiengänge bietet sie nicht (mehr) an, vielmehr ist sie stark in die Medizinerausbildung integriert, wobei sie auch je nach Standort andere Angebote für Studierende aus anderen Fakultäten bereithält.[5] Diese Integration ist seit über 100 Jahren Segen und Fluch zugleich, da sie neben einer gegenseitigen Befruchtung auch immer neue Auseinandersetzungen innerhalb der Medizingeschichte bedingt.

Um 1900 machte sich eine erste Enttäuschung der hohen Erwartungen breit, die in der Mitte des 19. Jahrhunderts an eine die exakten Wissenschaften nachahmende Medizin gestellt worden waren. Dies mag, wie vom Brocke es ausdrückt, zu einer „Rückbesinnung" auf die „Medizingeschichte als disziplinübergreifende Klammer" beigetragen haben,[6] ein Trend, der sich nicht nur in Deutschland, sondern zum Beispiel auch in den USA nachzeichnen lässt.[7] Einen echten Institutionalisierungsschub erfuhr die Medizingeschichte aber erst nach dem Zweiten Weltkrieg in der Bundesrepublik Deutschland. Im Rahmen der Empfehlungen des Wissenschaftsrates von 1960, in denen den Hochschulen geraten wurde, Lehrstühle oder Extraordinariate für Geschichte der Medizin einzurichten („Ein Lehrstuhl muß in jeder Fakultät bestehen …"), wurden in den 1960er-Jahren und dann in einer zweiten Welle in den 1980ern an fast allen Universitäten Lehrstühle und Institute etabliert. Die Verankerung des Faches in den medizinischen Fakultäten war vorerst entschieden. Mit der Aufnahme eigenständiger medizinhistorischer Inhalte in die Erste Ärztliche Prüfung im Rahmen der Ärztlichen Approbationsordnung ab 1970 schien das Fortbestehen der Disziplin gesichert. Auch die medizinische Terminologie gehörte zu den didaktischen Aufgaben von Medizinhistorikern und wurde zum Teil als Sicherungsanker personeller Ausstattungen genutzt.[8]

LEGITIMATIONSSTRATEGIEN, LEGITIMATIONSDRUCK UND QUALITÄTSFRAGEN

Der Prozess der Konsolidierung dieses relativ jungen Faches an medizi-

4   Hoffmann, Stefanie et al. (2018): *Bericht zum Stand der Neukartierung kleiner Fächer im Projekt: „Erfahrungsaustausch, Vernetzung und Förderung der Sichtbarkeit kleiner Fächer"*, https://www.kleinefaecher.de/fileadmin/user_upload/img/2018_Bericht_zum_Stand_der_Neukartierung_kleiner_Faecher.pdf (letzter Zugriff 1.6.2019).

5   Siehe zum Beispiel: Wahrig, Bettina und Saatz, Julia (2013*): Geschichte der Naturwissenschaft, der Technik und der Medizin in Deutschland 2009–2012*, https://publikationsserver.tu-braunschweig.de/servlets/MCRFileNodeServlet/dbbs_derivate_00033331/DHST-Germany2009-2012.pdf, S. XXII (letzter Zugriff 1.6.2019).

6   Brocke, Bernhard vom (2001): Medizinhistoriographie im Kontext der Universitäts- und Wissenschaftsgeschichte, in: Frewer, Andreas und Roelke, Volker (Hg.): *Die Institutionalisierung der Medizinhistoriographie. Entwicklungslinien vom 19. ins 20. Jahrhundert* (Stuttgart: Steiner), 190.

7   Warner, John Harley (2013): The Humanizing Power of Medical History: Responses to Biomedicine in the 20th-Century United States, in: *Procedia – Social and Behavioral Sciences*, 77.

8   Für Verweise siehe hier die zugrundeliegende Original-Veröffentlichung, vgl. Anmerkung 1.

nischen Fakultäten verlief nicht ohne Probleme. Dies mag daran gelegen haben – und immer noch daran liegen –, dass Medizinhistorikerinnen und Medizinhistoriker allen Rufen nach Verankerung und Sicherung des Faches zum Trotz sich über ihre Rolle nicht einig waren und stets forschend ihre Position zwischen Medizin- und Geschichtswissenschaft zu ertasten suchten. Getrieben wurden sie dabei von einem zumindest von ihnen selbst so empfundenen doppelten Legitimationsdruck. Der Medizin gegenüber mussten sie ihre Nützlichkeit oder zumindest ihre Anschlussfähigkeit unter Beweis stellen, um weiterhin ihre Alimentation in medizinischen Fakultäten zu rechtfertigen. Der Geschichtswissenschaft gegenüber mussten sie ihre Kompetenz und Professionalität vertreten, um nicht als „Hobbyhistoriker", Amateure oder Jubiläumsredner verurteilt zu werden.

Durch die Orientierung am Nutzen für die Medizin und an Interessen von Ärzten lief sie Gefahr, den Anschluss an methodische und thematische Weiterentwicklungen in der Geschichtswissenschaft zu verlieren und die „Sünden" des Anachronismus, des Essenzialismus und des

Traditionalismus zu begehen.[9] Hier handelt es sich um genau die „Sünden", zu denen der eingangs zitierte Horton aufzurufen scheint, wenn er die Medizingeschichte mahnt, sie solle sich an der Gegenwart orientieren, wenn sie relevant sein wolle. Diese Spannung ist es, mit der die Medizingeschichte schon lange ringt – oft auch produktiv, wenn sie etwa zur Entwicklung neuer historischer Perspektiven wie der Sozialgeschichte der Medizin führte. Die Gefahren aber waren dem Medizinhistoriker Hans-Heinz Eulner (1925–1980) zufolge von Medizinhistorikern selbst schon mit dem Beginn ihrer Professionalisierung gesehen und direkt wieder in die Legitimation ihres eigenen Expertentums umgemünzt worden.[10] Es wurde im Diskurs über die Rolle und Funktion der Medizingeschichte zwischen Fachleuten und interessierten Laien unterschieden. Den Vorwurf des Dilettantismus leiteten Medizinhistoriker gerne an

die Zielgruppe der interessierten Ärztinnen und Ärzte weiter. Nur Experten sollten dieses Fach beforschen und unterrichten. Von anderer Seite drohe, wie Paul Diepgen 1928 bemerkte, historischer Dilettantismus.[11] Gleichzeitig sollten „Laien" – und dazu gehörten auch die anderen Kollegen in der Medizin – sich für das Fach interessieren, ja sogar seine Existenz in der Medizin favorisieren. Während einige Autoren die aus diesen Spannungsverhältnissen geborene Problematik als unvermeidlich für das ganze Fach ansahen, versuchten andere, durch Konzentration auf methodisches Spezialwissen und ausschließliche Orientierung an der Geschichtswissenschaft mit ihr umzugehen. Zur ersten Gruppe gehörte beispielsweise Hans-Heinz Eulner, der in seiner umfassenden „Entwicklung der medizinischen Spezialfächer an den Universitäten des deutschen Sprachgebiets" betonte: „So ist die Medizingeschichte, von den wenigen hauptberuflichen Vertretern abgesehen, zu einer Art ‚Hobby' für Ärzte geworden [...]. Dadurch gewinnt das ‚Fach' sein besonderes Gepräge

---

9 Stocking, George W. Jr. (1965): On the Limits of "Presentism" and "Historicism" in the Historiography of the Behavioral Sciences, in: *Journal of the History of the Behavioral Sciences* 1, no. 3.

10 Eulner, Hans-Heinz (1970): *Die Entwicklung der medizinischen Spezialfächer an den Universitäten des deutschen Sprachgebietes* (Stuttgart: Enke).

11 Diepgen, Paul (1928): Einheitsbestrebungen der Gegenwartsmedizin in der Medizingeschichte, in: *Klinische Wochenschrift* 7, Nr. 18.

– es ist nämlich gar kein ‚Spezial-fach' im Sinne der übrigen [...]. Die Medizingeschichte bleibt vielmehr gemeinsames Arbeitsgebiet aller Mediziner".[12] Auf diese Weise machte er die Medizingeschichte zum gesamtmedizinischen Projekt und schuf zugleich Platz für Experten, indem er professionelle hauptberufliche Vertreterinnen und Vertreter von forschenden Laiinnen und Laien abgrenzte, die (heute würde man vielleicht sagen: im Sinne einer partizipativen Forschung) wichtiges Material zusammentragen sollten, ohne dies notwendigerweise in einem institutionellen Rahmen wissenschaftlich auszuwerten. Diese Strategie der Selbstkonstitution zwischen den Stühlen wird noch deutlicher, wenn Eulner sich mit dem Dilettantismus-Phänomen in der Medizingeschichte auseinandersetzt. Zwar hatte auch er nichts „gegen die ‚echten' Dilettanten, die aus Liebe zur Sache ihr Bestes zu geben versuchen", aber er wetterte gegen die „gefährlichere Abart, die historische Arbeit ... herzlich gering schätzt, historische An-

spielungen aber gern zu Dekorations-zwecken verwendet".[13]

ARGUMENTE UND DER GEGENSTAND DER MEDIZIN

Mit Blick auf die Medizin als Zielpublikum der Medizingeschichte wiederum lassen sich mehrere seit dem ausgehenden 19. Jahrhundert immer wieder vorgebrachte Legitimationsstrategien finden, die mit unterschiedlichen Konjunkturen bis heute in die Debatte eingebracht werden. Diese Strategien eint, dass sie fest im Bild der sich als Wissenschaft begreifenden Medizin verankert sind. Für die Zeit bis in die 1930er-Jahre hat Friedrich Kümmel wesentliche Legitimationsstrategien in die medizinische Richtung offengelegt.[14] In einer Dissertation wurde

diese Liste anhand von Lehrbuchvorworten bis heute fortgeschrieben und systematisch geordnet. Folgende immer wieder auftretende Argumentkategorien lassen sich so charakterisieren:[15]

ARGUMENTKATEGORIEN (GEKÜRZT UND REDUZIERT – NACH ECKERL)

1) **Kulturhistorische Argumente,** die darauf abzielen, dass Studierende durch den Unterricht in der Medizingeschichte an Allgemeinbildung gewönnen und die kulturelle Einbettung von Krankheit und Gesundheit so besser verstünden.
2) **Epistemologische Argumente,** die nahelegen, dass das Verständnis der Geschichte der Medizin dazu beitrage, die heutige Medizin besser zu durchdringen.
3) **Integrative Argumente,** die in der Medizingeschichte als integrierende Betrachtung ein Gegengewicht zu einer zunehmend als unübersicht-

12 Eulner, Hans-Heinz: *Die Entwicklung der medizinischen Spezialfächer an den Universitäten des deutschen Sprachgebietes,* 427.

13 Ebenda, 433.

14 Kümmel, Werner Friedrich (1997): Vom Nutzen eines „nicht notwendigen Faches" – Karl Sudhoff, Paul Diepgen und Henry E. Siegerist vor der Frage „Wozu Medizingeschichte?" in: Toellner, Richard und Wiesing, Urban (Hg.): *Geschichte und Ethik in der Medizin. Von den Schwierigkeiten einer Kooperation* (Stuttgart: Fischer); Kümmel, Werner Friedrich (2001): „Dem Arzt nötig oder nützlich"? Legitimierungsstrategien der Medizingeschichte im 19. Jahrhundert, in: Frewer, Andreas und Roelke, Volker (Hg.): *Die Institutionalisierung*

der Medizinhistoriographie. Entwicklungslinien vom 19. ins 20. Jahrhundert (Stuttgart: Steiner).

15 Eckerl, Michael Lukas (2015): *Nötig oder nützlich? Legitimierungsstrategien der deutschsprachigen Medizingeschichte im 20. und 21. Jahrhundert* (Diss. Med. Fak. Univ. Ulm).

lich empfundenen Spezialisierung begreifen.

4) **Argumente der methodischen Nähe,** die Medizin selbst als historische Disziplin begreifen, weil allein schon in der Erfassung von individuellen Patientengeschichten Hermeneutik und Quellenkritik eine große Rolle spielen, weshalb wiederum die Medizingeschichte Studierenden helfen könnte, auf diesem Feld Fähigkeiten zu entwickeln.

5) **Pragmatisch-epidemiologische Argumente,** die einen direkten Nutzen von Medizingeschichte und historischer Quellenanalyse auch für die heutige Medizin, zum Beispiel im Verstehen des öffentlichen Umgangs mit Seuchen oder ihrer Entstehung, sehen. Hierzu gehören auch Ansätze, die historische Erfahrungen mit Therapieformen für heutige Behandlungsstrategien nutzbar machen wollen.

6) **Sozialhistorische Argumente,** die auf der Idee fußen, dass die Kenntnis des gesellschaftshistorischen Kontextes von Konzepten wie Krankheit und Gesundheit, des medizinischen Marktes oder von Machtverhältnissen im Feld der Medizin eine Voraussetzung für das Durchdringen der sozialen Dimension der Medizin darstellen.

7) **Ethische Argumente,** die einerseits darauf abzielen, dass ethische Argumentationsstrukturen in der Medizin nur zu verstehen seien, wenn ihre Entstehungsbedingungen und Entwicklungspfade historisch rekonstruiert würden, und die andererseits den Wert von historischen Vorbildern oder Beispielen von moralischem Fehlverhalten für ein Lernen ärztlicher Haltungen hervorheben.

8) **Die aktuelle Medizin legitimierende Argumente,** die darauf verweisen, dass Medizingeschichte dabei helfen könne, die heutige Medizin in ihrem Sosein unter Verweis auf historische Pfadabhängigkeiten zu begründen und ihr Sinn zu geben.

9) **Argumente des Lernens aus der Geschichte,** die betonen, dass die Medizingeschichte dazu beitragen könne, durch Analogiebildungen und Verweise auf historisch erfolgreiche oder erfolglose Lösungsansätze heutigen (ähnlich gelagerten) Problemen in der Medizin zu begegnen.

WAS ALSO IST DER GEGENSTAND DER MEDIZINGESCHICHTE?

Der Vortrag ist wahrlich nicht der erste, der sich hierzu äußert, deshalb verzeihen Sie bitte, wenn Sie einiges davon schon kennen. Medizin ist ein weitgefasster Begriff. Heute ist damit alles gemeint, was in Beziehung gesetzt werden kann zu Krankheit, Heilung, individueller und / oder öffentlicher Gesundheit, Epidemiologie, Sozialsystemen, Gesundheitswissen, -praktiken, Medikamenten oder Diäten. Etymologische Betrachtungen helfen nur bedingt weiter. Medizin stammt vom lateinischen „mederi" („heilen" oder „helfen"), das griechische Pendant „ἰατρικὴ τέχνη" wiederum unterstreicht eine praktische Seite medizinischen Tuns. In seiner Fokussierung zunächst auf den kranken Patienten / die kranke Patientin sollte medizinisches Wissen seit der Antike universelles theoretisches Wissen des besonderen Falls sein. Das heißt: Die Abnormalität und der Regelbruch, die eine universelle Wahrheit stören, waren und sind genau das Momentum, das den Gegenstand der Medizin ausmacht. Als Tätigkeit wiederum stellte schon Aristoteles die Medizin als Aktivität dar, die das ganze Leben der Person, die sie ausübte, bestimmte. Er sah in ihr eine Lebensform (βίος).[16] Vor

---

[16] Gracia, Diego und White, Michael C. (1978): The Structure of Medical Knowledge in Aristotle's Philosophy, in: *Sudhoffs Archiv* 62, 7.

allem definierte er sie als „τέχνη", als produktives Wissen mit ethischen, politischen und ökonomischen Praxisanteilen, er sah sie aber gleichzeitig auch als „ἐπιστήμη", als theoretische Wissenschaft mit Nähe zur Mathematik und Physik. In Nuancen hat seine Definition bis heute überlebt, wobei auch hier einmal die eine, einmal die andere Seite des „ἐπιστήμη καὶ τέχνη καὶ βίος" Konjunktur hatte.[17] Dabei sind die genannten Elemente weniger als Extrempunkte eines Kontinuums oder als Alternativen zueinander zu sehen. Sie bilden eher ein Vexierbild, das je nach Betrachtungswinkel, Stimmung und Sehgewohnheit die eine oder andere Seite prominenter hervortreten lässt.[18]

Auch wenn ein solches Konzept ein sehr europäisches und in bestimmten Pointierungen sogar iatrozentrisches Modell der Medizin abbildet, so hat es doch vielleicht auch deshalb seit aristotelischen Zeiten im Kern überlebt, weil sich verschiedenste medikale Kulturen und Epochen mit dem

hier gezeichneten Vexierbild fassen und in Teilen beschreiben lassen. Genau bei den medikalen Kulturen nun – und damit meinen wir alle möglichen Formen, medizinisch zu wirken – kommt die Medizingeschichte nicht nur als Übersetzungs- und Erklärungsmaschine ins Spiel. Vielmehr nimmt sie als historische Disziplin eine zentrale Rolle in der heutigen Medizin ein (womit wir uns nun das obige vierte Argument besonders zu eigen machen, dieses aber unter Zuhilfenahme auch anderer genannter Argumente etwas weiter auffächern und komplizieren möchten): Bei aller Vernaturwissenschaftlichung der Medizin (ein eigenes Thema!) ist medizinisches Wissen auch heute noch individuell und interpretativ. Während des diagnostischen Prozesses werden Symptome gesammelt, die wiederum als Zeichen für etwas interpretiert werden müssen.[19] Dieses interpretative Moment beinhaltet nun subjektive (zeithistorische) Erfahrungen des Patienten/der Patientin, die zeithistorische Bewertung der

Beweiskraft oder Handlungseinleitungsnotwendigkeit eines Zeichens und die Beurteilung des Zeichens durch den Arzt oder die Ärztin.[20] Hinzu tritt der Umstand, dass eine Diagnose meistens eine Handlungskonsequenz hat und auch hier objektives medizinisches Wissen eventuell Bedürfnisse von Betroffenen nur unzureichend adressiert. Der Doppelcharakter der Medizin als generalisierbares Wissen und gleichzeitiges intrinsisches individuelles (existenzielles) Wissen verkompliziert hier medizinische Handlungen.

Mit der Komplexität wiederum hat nun die Medizingeschichte zu tun, denn die Medizin weist eine Reihe von temporalen Aspekten auf, die sich nur historisch erklären und begreifen lassen. Wissen über Patienten/Patientinnen und Krankheiten wird dadurch gewonnen, dass mindestens zwei Zeitpunkte als Referenzpunkte für Krankheitseinschätzungen eingesetzt werden. Die Vergangenheit wird am Jetzt gemessen und ein künftiger Zustand wird in eine ungewisse Zukunft projiziert. Der Blick zurück erfordert dabei jeweils auch eine zeithistorische Einschätzung von

---

[17] Ebenda, 34 f.

[18] Montgomery, Kathryn (2006): *How Doctors Think. Clinical Judgement and the Practice of Medicine* (Oxford, New York: Oxford University Press), 31.

[19] Ausführlich siehe Fangerau, Heiner und Martin, Michael (2015): Medizinische Diagnostik und das Problem der Darstellung: Methoden der Evidenzerzeugung, in: *Angewandte Philosophie: Themenheft Medizinische Erkenntnistheorie*, 1.

[20] Montgomery: *How Doctors Think. Clinical Judgement and the Practice of Medicine*, 16.

damaligem Wissen, damaligen Normalitätsvorstellungen, damaligen (gesundheits-)politischen Gegebenheiten etc.[21]

Dieses Orientierungswissen vermag die Medizingeschichte zu geben. Sie kann dabei aber noch viel mehr leisten. Sie kann lange zurückliegende Pfadabhängigkeiten, semantische Netzwerke und medikale Strukturen rekonstruieren und so auch helfen, dem, was oft als „intuitives ärztliches Wissen" bezeichnet wird, eine konkrete (historische) Folie zu bieten.[22] Da medizinische Handlungen im Interesse aller Beteiligten immer

auf der Basis des besten zurzeit zur Verfügung stehenden Wissens erfolgen sollen, bietet hier eben auch das historische Wissen Bausteine zumindest für die Erklärung medizinischen Handelns und Wirkens.[23]

Dieser hier jetzt exemplarische (und selbstkritisch auch als verkürzt und iatrozentrisch zu bezeichnende) Blick lässt sich auf alle denkbaren, oben erwähnten Bedeutungsfelder der Medizin erweitern und schließt auch andere Kulturen der Medizin mit ein.

SCHLUSS

Damit kommen wir zum Ausgangspunkt zurück. Die Frage „Wozu Medizingeschichte?" zielt auf das Problem der Relevanz. Medizingeschichte, so hoffen wir gezeigt zu haben, ist weder irrelevant noch auf eine Umorientierung zum Beispiel hin zur Integration in eine allgemeine Wissensgeschichte angewiesen.[24] Sie ist die Geschichte eines

besonderen Wissenszweiges, seiner Anwendung, Ausweitung, Institutionalisierung, Spezialisierung und Politisierung. Ihre Zukunft liegt dabei unseres Erachtens nicht in einer isolierten Hinwendung zur philosophischen Fakultät oder in der isolierten Orientierung an den Bedürfnissen der Medizin, zum Beispiel durch die alleinige Adressierung der eingangs zitierten Wunschthemen. Sie sollte sich vielmehr darauf konzentrieren, medizinhistorische Forschung auf dem Niveau und mit der Methodenvielfalt der Geschichtswissenschaften zu betreiben, diese aber mit dem Bestreben zu verbinden, sie Medizinstudierenden, aber auch Ärztinnen und Ärzten sowie Gesundheitspolitikerinnen und Gesundheitspolitikern und auch einer breiteren Öffentlichkeit nahezubringen.

Da eine so verstandene Medizingeschichte an medizinischen Fakultäten aktiv wird und die dortigen Medizinstudierenden Medizin und nicht Geschichte lernen wollen, ist es allem voran wichtig, nicht das Objekt bzw. den Gegenstand, eben die Medizin in all ihren Schattierungen, aus den Augen zu verlieren. Dafür

---

[21] Duffin, Jacalyn (2004): A Hippocratic Triangle: History, Clinician-Historians, and Future Doctors, in: Huisman, Frank und Warner, John Harley (Hg.): *Locating Medical History: The Stories and Their Meanings* (Baltimore: Johns Hopkins Univ. Press); Labisch, Alfons (2004): Transcending The Two Cultures in Biomedicine: The History of Medicine and History in Medicine, in: Huisman, Frank und Warner, John Harley (Hg.): *Locating Medical History: The Stories and Their Meanings* (Baltimore: Johns Hopkins Univ. Press) UP, 410–31.

[22] Toulmin, Stephen (1993): Knowledge and Art in the Practice of Medicine. Clinical Judgement and Historical Reconstruction, in: Delkeskamp-Hayes, Corinna und Gardell Cutter, Mary Ann (Hg.): *Science, Technology, and the Art of Medicine* (Dordrecht, Boston, London: Kluwer), 248.

---

[23] Montgomery: *How Doctors Think. Clinical Judgement and the Practice of Medicine*, 39. (Sie bezieht sich hier auf Hans-Georg Gadamer).

[24] Vgl. hierzu und zum vorigen Abschnitt ausführlich De Sio, Fabio und Fangerau, Heiner (2019): The Obvious in a Nutshell: Science,

---

Medicine, Knowledge, and History, in: *Berichte zur Wissenschaftsgeschichte* 42, 167–185.

ist eine permanente Auseinandersetzung auch mit der aktuellen Medizin notwendig (ohne in eine anachronistische Betrachtungsweise zu verfallen).

Kurzum, die Frage „Wozu Medizingeschichte?" möchten wir beantworten mit: „Für eine gute Medizin." Die Ziele und Wege liegen in sauberer historischer Arbeit am Gegenstand der Medizin in engem, selbstbewusstem Kontakt mit der Medizin.

LITERATUR

Brocke, Bernhard vom (2001): Medizinhistoriographie im Kontext der Universitäts- und Wissenschaftsgeschichte, in: Frewer, Andreas und Roelke, Volker (Hg.): *Die Institutionalisierung der Medizinhistoriographie. Entwicklungslinien vom 19. ins 20. Jahrhundert.* Stuttgart: Steiner, 187–212.

De Sio, Fabio und Fangerau, Heiner (2019): The Obvious in a Nutshell: Science, Medicine, Knowledge, and History, in: *Berichte zur Wissenschaftsgeschichte* 42, 167–185.

Diepgen, Paul (1928): Einheitsbestrebungen der Gegenwartsmedizin in der Medizingeschichte, in: *Klinische Wochenschrift* 7, Nr. 18, 855-856.

Duffin, Jacalyn (2004): A Hippocratic Triangle: History, Clinician-Historians, and Future Doctors, in: Huisman, Frank und Warner, John Harley (Hg.): *Locating Medical History: The Stories and Their Meanings.* Baltimore: Johns Hopkins Univ. Press, 432–449.

Eckerl, Michael Lukas (2015): *Nötig oder Nützlich? Legitimierungsstrategien der deutschsprachigen Medizingeschichte im 20. und 21. Jahrhundert.* Diss. Med. Fak. Univ. Ulm.

Eulner, Hans-Heinz (1970): *Die Entwicklung der Medizinischen Spezialfächer an den Universitäten des deutschen Sprachgebietes.* Stuttgart: Enke.

Fangerau, Heiner und Gadebusch Bondio, Mariacarla (2015): Spannungen in der jüngeren Medizingeschichte: Legitimationsstrategien und Zielkonflikte – ein Beitrag zur Diskussion, in: *NTM – Zeitschrift für Geschichte der Wissenschaften, Technik und Medizin* 23, 33–52.

Fangerau, Heiner und Martin, Michael (2015): Medizinische Diagnostik und das Problem der Darstellung: Methoden der Evidenzerzeugung, in: *Angewandte Philosophie: Themenheft Medizinische Erkenntnistheorie* 1, 38–68.

Gracia, Diego und White, Michael C. (1978): The Structure of Medical Knowledge in Aristotle's Philosophy, in: *Sudhoffs Archiv* 62, 1–36.

Hoffmann, Stefanie / Zimmer, Lena / Bahlmann, Katharina / Haas, Katharina / Schmidt, Uwe (2018): *Bericht zum Stand der Neukartierung kleiner Fächer im Projekt: „Erfahrungsaustausch, Vernetzung und Förderung der Sichtbarkeit kleiner Fächer,* https://www.kleinefaecher.de/ fileadmin/user_upload/img/2018_Bericht_zum_Stand_der_Neukartierung_kleiner_ Faecher.pdf (letzter Zugriff 1.6.2019).

Horton, Richard (2014): The Moribund Body of Medical History, in: *The Lancet* 384, 292.

Kümmel, Werner Friedrich (2001): „Dem Arzt nötig oder nützlich"? Legitimierungsstrategien der Medizingeschichte im 19. Jahrhundert, in: Frewer, Andreas und Roelke, Volker (Hg.): *Die Institutionalisierung der Medizinhistoriographie. Entwicklungslinien vom 19. ins 20. Jahrhundert.* Stuttgart: Steiner, 75–89.

Kümmel, Werner Friedrich (1997): Vom Nutzen eines „nicht notwendigen Faches" – Karl Sudhoff, Paul Diepgen und Henry E. Siegerist vor der Frage „Wozu Medizingeschichte?", in: Toellner, Richard und Wiesing, Urban (Hg.): *Geschichte und Ethik in der Medizin. Von den Schwierigkeiten einer Kooperation.* Stuttgart: Fischer, 5–16.

Labisch, Alfons (2004): Transcending the Two Cultures in Biomedicine: The History of Medicine and History in Medicine, in: Huisman, Frank und Warner, John Harley (Hg.): *Locating Medical History: The Stories and Their Meanings.* Baltimore: Johns Hopkins Univ. Press, 410–431.

Montgomery, Kathryn (2006): *How Doctors Think. Clinical Judgement and the Practice of Medicine.* Oxford, New York: Oxford University Press.

Stocking, George W. Jr. (1965): On the Limits of "Presentism" and "Historicism" in the Historiography of the Behavioral Sciences, in: *Journal of the History of the Behavioral Sciences* 1, no. 3, 211–218.

Sturlese, Loris (1996): Nicht nur für Onkel Doktors Feierabend. Mirko Grmek präsentiert eine kulturhistorische Geschichte des medizinischen Denkens seit der Antike, in: *Frankfurter Allgemeine Zeitung* 233, 7.10.1996, 15.

Toulmin, Stephen (1993): Knowledge and Art in the Practice of Medicine. Clinical Judgement and Historical Reconstruction, in: Delkeskamp-Hayes, Corinna und Gardell Cutter, Mary Ann (Hg.): *Science, Technology, and the Art of Medicine.* Dordrecht, Boston, London: Kluwer, 231–249.

Wahrig, Bettina und Saatz, Julia (2013): *Geschichte der Naturwissenschaft, der Technik und der Medizin in Deutschland 2009–2012,* https://publikationsserver.tu-braunschweig.de/servlets/MCRFileNodeServlet/dbbs_derivate_00033331/DHST-Germany2009-2012.pdf (letzter Zugriff 1.6.2019).

Warner, John Harley (2013): The Humanizing Power of Medical History: Responses to Biomedicine in the 20th-Century United States, in: *Procedia – Social and Behavioral Sciences* 77, 322–229.

Wissenschaftsrat (1960): *Empfehlungen des Wissenschaftsrates zum Ausbau der Wissenschaftlichen Einrichtungen; Teil 1: Wissenschaftliche Hochschulen.* Tübingen: Mohr.

WOZU WISSEN-SCHAFTS-GESCHICHTE – EIN BLICK AUF DIE BIO-WISSENSCHAFTEN

HANS-JÖRG RHEINBERGER

Hans-Jörg Rheinberger ist Honorarprofessor für Wissenschaftsgeschichte an der TU Berlin. Von 1997 bis 2014 war er Direktor am Max-Planck-Institut für Wissenschaftsgeschichte in Berlin.

Ich gebe zuerst einen kurzen Überblick über die Entwicklung der biologischen Wissenschaften in den letzten 200 Jahren. Daran schließen sich ein paar Überlegungen zur Wissenschaftsgeschichte an.[1] Um 1800 war der Begriff der Biologie eingeführt worden als Ausdruck dafür, dass die Erforschung des Lebens einen eigenen Status anzunehmen im Begriff war, und es als ein eigenständiges Phänomen nach außen abzugrenzen.[2] Kant hatte sich in seinen Reflexionen über die Erforschung des Organischen letztlich nicht entscheiden können, ob sie dem mechanischen Paradigma der Wissenschaften seiner Zeit grundsätzlich unterwerf-

---

[1] Diesem Text liegt die folgende Veröffentlichung zugrunde: Rheinberger, Hans-Jörg (2015): *Natur und Kultur im Spiegel des Wissens* (Heidelberg: Universitätsverlag Winter).

[2] Vgl. dazu etwa Kanz, Torsten (2006): „... die Biologie als die Krone oder der höchste Strebepunct aller Wissenschaften." Zur Rezeption des Biologiebegriffs in der romantischen Naturforschung (Lorenz Oken, Ernst Bartels, Carl Gustav Carus), in: *NTM 15*, 77–92.

bar war oder nicht.[3] Im Laufe des 19. Jahrhunderts gewann aber vor allem in der Physiologie das mechanische Paradigma die Oberhand. Um 1900 etablierte sich die Genetik mit dem Anspruch, die Strukturen und Funktionen zu identifizieren, die allen Lebenwesen gemeinsam waren, sie also von innen her zu definieren – vom Genotyp her, wie es dann bald hieß. Zwischen 1800 und 1900 hatte sich die biologische Großwetterlage also radikal geändert.

Im Verlauf des 20. Jahrhunderts sollte sich die reichhaltige, aber weitgehend abgrenzbar differenzierte Disziplinenlandschaft innerhalb der Biologie wiederum grundlegend verändern. Zunächst waren es zwei Zwitterwissenschaften, zwei Hybridbereiche, die das Terrain neu sondierten und die mühsam stabilisierten Grenzen der Biologie zur Chemie und zur Physik erneut zur Disposition stellten, die schon einmal bei der Etablierung der Physiologie zur Disposition gestanden hatten. Die eine war die Zwitterwissenschaft der Biochemie, das andere Hybrid war die Biophysik. Beide Gebilde stellten einerseits eine

Fusion im Sinne der Überwindung einer naturwissenschaftlichen Grunddifferenzierung dar, andererseits nahmen sie selbst wiederum den Charakter mehr oder weniger eigenständiger Disziplinen an. Um die Mitte des 20. Jahrhunderts entstand schließlich eine Formation, die unter dem Namen „Molekularbiologie" in die Geschichte eingegangen ist. Sie stellte sich nun dar als ein multiples Hybrid, eine Amalgamierung von biophysikalischen und biochemischen Techniken auf der einen Seite mit genetischen Fragestellungen und Methoden auf der anderen. In der Molekularbiologie und ihrem Kern, der molekularen Genetik, wurden Physik, Chemie und Biologie also in einer Form aufeinander bezogen, welche die bisherige Geschichte nicht gekannt hatte. Genau aus dieser Konstellation entwickelte sich dann auch eine in dieser Form ganz neuartige Vorstellung von der Besonderheit des Lebendigen, von biologischer Spezifität. Sie kreiste um die Begriffe der genetischen „Information" und des genetischen „Programms" und bediente sich einer Sprache, die Elemente aus allen diesen Bereichen in sich aufnahm.[4] Re-

produktion, Entwicklung und Aufrechterhaltung des Lebens – die drei Kant'schen Spezifika des Organischen – waren unter ein einheitliches Paradigma gebracht, das sich zudem des Vokabulars der Systemwissenschaft der Zeit, der Kybernetik, bediente und diese Spezifika nicht nur in biologischen Makromolekülen materiell verortete, sondern diesen mit dem Informationsbegriff auch ein Moment des unreduzierbar Formalen aufprägte.[5]

Die Molekularbiologie hatte bald selbst den Status einer biologischen Grundlagendisziplin erlangt, erfreute sich ihres Disziplinendaseins aber nicht lange.[6] So wie sie selbst das Ergebnis einer gewaltigen diszi-

---

[3] Vgl. dazu pointiert McLaughlin, Peter (1989): *Kants Kritik der teleologischen Urteilskraft* (Bonn: Bouvier).

[4] Dazu klassisch Jacob, François (1970): *La logique du vivant. Une histoire de l'hérédité*

(Paris: Gallimard). Vgl. auch Brandt, Christina (2004): *Metapher und Experiment. Von der Virusforschung zum genetischen Code* (Göttingen: Wallstein); speziell auch Rheinberger, Hans-Jörg (2006): *Epistemologie des Konkreten. Studien zur Geschichte der Biologie* (Frankfurt am Main: Suhrkamp), Kap. 10.

[5] Vgl. dazu Kay, Lily E. (2001): *Das Buch des Lebens. Wer schrieb den genetischen Code?* (München, Wien: Hanser).

[6] Vgl. dazu de Chadarevian, Soraya und Rheinberger, Hans-Jörg (Hg.) (2009): Special Issue „Disciplinary Histories and the History of Disciplines: The Challenge of Molecular Biology", in: *Studies in History and Philosophy of Biological and Biomedical Sciences* 40.

plinären Hybridisierung war, so gewaltig drängte sie über sich als Disziplin auch wieder hinaus. Das Arsenal an molekularen Werkzeugen, das aus ihr hervorging, ließ sie rasch zu einer Ansammlung von Techniken werden, die als solche nun Eingang in alle möglichen Bereiche der Erforschung des Lebendigen fanden und die Lebenswissenschaften insgesamt kapillar durchdrangen. Die zunächst auf die reine Analyse molekularer Strukturen und Prozesse ausgerichtete neue Biologie bereitete in den 1970er-Jahren der Gentechnologie in ihren mannigfaltigen Formen den Weg. Mit der Aussicht auf eine technologische Handhabung der molekularen Grundlagen des Lebens eröffnete sich für die Biowissenschaften insgesamt nicht nur eine neue Ebene der Analyse, sondern es ergaben sich auch bisher nicht dagewesene, noch viel weiter reichende Schnittstellen: Die Molekularbiologie blieb nicht länger ein esoterisches Unternehmen, betrieben von einer kleinen Schar von reinen Grundlagenforschenden, sondern transformierte sich in ein Feld, auf dem ökonomische und soziale Interessen sich mit den biotechnischen Entwicklungsaussichten dieser Wissenschaft in Medizin und Landwirtschaft zu verbinden begannen.

Das Humangenomprojekt war der *epistemologische* Ausdruck dieser neuen Konstellation, die Entwicklung der molekularen Biotechnologie-Industrie mit ihren eng geknüpften Beziehungen zur universitären Grundlagenforschung ihr *ökonomischer*.[7] Gegenwärtig setzt sich für diesen biologisch-technischen Komplex immer mehr das Schlagwort der „synthetischen Biologie" durch. Mit ihr stellen sich bisher völlig ungelöste soziale, kulturelle und ethische Fragen, welche die Anwendungen der Gentechnik und Reproduktionsbiologie in der Humanmedizin und menschlichen Fortpflanzung wie auch in der Landwirtschaft begleiten.[8] Die Forschungsgegenstände – zugleich prospektive Anwendungsobjekte – in diesen Bereichen sind in der Regel nicht mehr durch ihre natürlichen (seien sie physikalisch, chemisch oder biologisch) oder technischen Aspekte allein bestimmt; auch sie sind mehrfach

---

7   Vgl. dazu Müller-Wille, Staffan und Rheinberger, Hans-Jörg (2009): *Das Gen im Zeitalter der Postgenomik. Eine wissenschaftshistorische Bestandsaufnahme* (Frankfurt am Main: Suhrkamp).

8   Vgl. dazu etwa Bensaude-Vincent, Bernadette und Benoit-Browaeys, Dorothée (2011): *Fabriquer la vie. Où va la biologie de synthèse?* (Paris: Seuil).

hybride Gegenstände, in denen sich sowohl Aspekte von Natur wie auch von Kultur untrennbar miteinander verbinden und sich auch nur verantwortlich handhaben lassen, wenn diese Verbindung nicht ausgeklammert wird. Das technisch-kulturelle Potenzial bestimmt, was epistemisch relevant wird, und das epistemische Potenzial bestimmt, was technisch-kulturell relevant werden kann.

Damit sind wir bei einer Konstellation des Verhältnisses von Natur und Kultur angelangt, das uns nicht nur dazu einlädt, sondern auch herausfordert, unsere Aufmerksamkeit diesen beiden Kategorien zuzuwenden und sie selbst in ihrer Entstehung und in ihrem historisch wechselnden Zueinander zu betrachten.

Lassen Sie mich an dieser Stelle aber erst einmal kurz das Gesagte zusammenfassen. Es war die Dynamik der historischen Entwicklung der Wissenschaften selbst, die im 19. Jahrhundert zunächst eine zunehmende Trennung von Disziplinen einleitete und sie dann zementierte und die im Verlaufe des 20. Jahrhunderts gewissermaßen in einer Gegenbewegung wiederum zu einer weitreichenden Kreuzreaktion und Verflüssigung dieser disziplinären Grenzen geführt hat. Heute sehen sich Wissenschaftlerinnen und Wissenschaftler zunehmend mit der Notwendigkeit konfrontiert, sich in ihrer Forschung nicht nur in neuen Grenzlinien zu bewegen, die nicht länger mit den Wissensgrenzen der traditionellen Fächer übereinstimmen, sondern darüber hinaus auch mit dem Umstand, dass sich in die Konturen ihrer Wissensgegenstände eine kulturelle Dimension einschreibt, von der die Objektdefinition nicht mehr ohne Bedeutungsverlust abstrahieren kann.

Insbesondere scheint mir, dass es immer wichtiger wird, ein Bewusstsein für die Veränderungsdynamik der jeweils spezifischen *Forschungsgegenstände* zu entwickeln. Die Gegenstände des Wissens wie die Anwendungen dieses Wissens haben alle ihre historischen Trajektorien, die entscheidend davon abhängen, welche Möglichkeiten des Zugriffs auf sie sich jeweils eröffnen. Manchmal sind es verzweigte und verzwackte Geschichten, sie sind von unterschiedlicher Dauer, sie sind von unterschiedlicher Durchschlagskraft, und zuweilen können die ihnen entsprechenden Gegenstände epistemischen Interesses auch wieder verschwinden.[9]

Die historische Entwicklung von Disziplinen, auf die ich verwiesen habe, ist ja selbst letztlich nichts weiter als der organisatorische und institutionelle Ausdruck der grundlegenden Dynamik eben genau dieser wissenschaftlichen *Objekte*. Es ist also entscheidend, sich der Geschichtlichkeit und damit auch der kulturellen, technischen und sozialen Vermitteltheit der *Gegenstände* bewusst zu werden, die unsere wissenschaftliche Welt bevölkern – und eben nicht nur der Theorien und Begriffe oder abstrakter methodologischer Prinzipien wie *Verstehen* und *Erklären*. Wenn ich es richtig sehe, hat der ideengeschichtliche, allem Konkret-Praktischen enthobene Blick auf die Wissenschaften einen nicht unwesentlichen Anteil an dem kulturgereinigten Bild, das nicht zuletzt die Wissenschaften selbst lange vor sich hergetragen haben. Die Wissenschaftsgeschichte hat genau hier ihre genuine Aufgabe. Die Aufgabe heißt, die Wissenschaften insgesamt, einschließlich der Naturwissenschaften, als Kulturtechniken in den Blick zu nehmen.[10]

Es ist eines der Kennzeichen der Wissenschaftsgeschichte der letzten Jahrzehnte, dass sie den Begriff der Kultur bzw. seinen Plural, der Kulturen, im Rahmen ihrer Charakterisierung der Arbeit der Naturwissenschaften aufgegriffen hat. In der gegenwärtigen Auseinandersetzung um ein adäquates Wissenschaftsverständnis zeugt diese Wortwahl von der Anstrengung und dem Bemühen, die Wissenschaften und das Wissen von der Natur nicht einfach auf der Seite der Natur zu verorten, was ja in bestimmten Expertendiskursen gerne und bis heute geschieht. Dagegen versuchen die hier angedeuteten Positionen auch die Naturwissenschaften und das wissenschaftliche Wissen von der Natur selbst als Kulturphänomene in ihrer historischen Bedingtheit auszuweisen und sie damit ein Stück weit auf die Seite zu ziehen, auf der sich die Geisteswissenschaften immer schon befunden haben. Man kann dies als die notwendige Bedingung dafür betrachten, so etwas wie die Vision der Einheit der Wissenschaften in ihrer irreduziblen Pluralität zu schaffen. Fruchtbar scheint es mir zu sein, der Betonung auf den Welt- und Praxisbezug zu folgen, der für die neueren Wissenschaftsstudien charakteristisch ist, ob nun der Schwer-

9   Daston, Lorraine (Hg.) (2000): *Biographies of Scientific Objects* (Chicago: The University of Chicago Press).

10   Zum Begriff der Kulturtechniken vgl. Siegert, Bernhard (2011): Kulturtechnik, in: Maye, Harun und Scholz, Leander: *Einführung in die Kulturwissenschaft* (München: Fink), 95–118.

punktsetzung nach eher historischer, soziologischer oder ethnografischer Natur. Wenn ich es richtig sehe, sind es sechs Aspekte, die hier zum Tragen kommen. Der erste firmiert unter dem Begriff der „Praxiswende". Dabei geht es zum einen darum, dem Arbeitsprozess der Wissenschaften und den Bedingungen, unter denen dieser stattfindet, gebührende Aufmerksamkeit zu schenken und zu zeigen, dass es gerade seine kreativen Veränderungen sind, welche die Schaffung von neuem Wissen bedingen. Zum Zweiten geht es darum, zu zeigen, dass der Wissenschaftsprozess auch in seinen avancierten Formen begleitet bleibt von artisanalem, letztlich implizitem und „stummem" Wissen, wie es Michael Polayni einmal bezeichnet hat.[11]

Der dritte Aspekt bezieht sich direkt auf die Verwendung des Begriffs „Kultur" in diesem Zusammenhang. Über die Auffassung hinaus, dass es sich bei den Wissenschaften generell um einen sozialen, kollektiv verfassten Prozess handelt, beinhaltet er eben auch, dass der Umgang mit Materien, ihre Kultivierung, ihre Dinglichkeit, eine unverzichtbare

Seite des Vorgangs bildet. Der vierte Aspekt bezieht sich auf die Verwendung des Plurals „Kulturen". Der Begriff ist hier durchaus als Kampfbegriff gemeint. Die Rede von den zwei Kulturen wird durch diese Pluralisierung gezielt unterlaufen. Es geht nicht mehr darum, die Wissenschaften in eine eigentliche, harte, tonangebende Kultur und eine uneigentliche, weiche, nicht so wichtige Kultur aufzuteilen, sondern darauf zu verweisen, dass es gerade auch im Bereich der Wissenschaften von der Natur eine nicht reduzierbare Pluralität von Gegenständen und Verfahrensweisen gibt. Die Wissenschaften selbst führen ständig zur Ausbildung von neuen interkulturellen Zonen, in denen neue Mischformen des Verstehens ausprobiert werden, die ihrerseits wieder zu produktiven Differenzierungen oder Amalgamierungen führen können.[12] Fünftens ist es ein Merkmal von Wissenschaftskulturen, dass sie nicht nur dem historischen Wandel unterliegen, sondern

diesen Wandel auch ermöglichen und provozieren. Das Historische ist so, im Sinne einer immanenten Transzendenz, im Innersten von Wissenschaftskulturen am Werk. Sechstens schließlich soll der Begriff der Kultur in seiner Anwendung auf die Wissenschaften auch die Perspektive eröffnen, die Wissenschaften als spezielle Wissenskulturen mit anderen Wissenskulturen in Beziehung zu setzen, wie etwa den Kulturen des Technischen und den Kulturen der Künste.

Was wir heute brauchen, ist keine neue Einheitsfantasie, sind keine Euphemismen, sondern ist vielmehr etwas, das man, um ein Stichwort aus einem frühen Buchtitel des französischen Epistemologen Gaston Bachelard aufzugreifen, als „kohärenten Pluralismus" im Verständnis der Wissenschaften bezeichnen könnte.[13] Ich hoffe, dass diese Bemerkungen ein paar Anhaltspunkte dafür geliefert haben, welche begrifflichen Mittel benötigt werden und noch zu entwickeln sind, um einem solchen, dem Recht auf Differenz Rechnung tragenden synthetischen Verständnis der Wissenschaften Vorschub zu leisten.

[11] Polanyi, Michael (1985): *Implizites Wissen* (Frankfurt am Main: Suhrkamp).

[12] Vgl. zum Beispiel Dupré, John (1993): *The Disorder of Things. Metaphysical Foundations of the Disunity of Science* (Cambridge, MA: Harvard University Press); Galison, Peter und Stump, David J. (Hg.) (1996): *The Disunity of Science. Boundaries, Contexts, and Power* (Stanford: Stanford University Press).

[13] Bachelard, Gaston (1932): *Le pluralisme cohérent de la chimie moderne* (Paris: Vrin).

In der Wissenschaftsgeschichte als einem Hybridwissen besonderen Zuschnitts gehört die Auseinandersetzung zwischen den Natur- und den Geisteswissenschaften zum Rüstzeug des Geschäfts. Sie sind damit einer der privilegierten Orte, an denen der Versuch unternommen werden kann, sich dem „wahren geschichtlichen Verständnis der Einzelphänomene" des Wissens – wie es Ernst Cassirer einmal nannte[14] – und einer diesen Entwicklungen angemessenen historischen Zusammenschau anzunähern.

---

[14] Cassirer, Ernst (2000): *Das Erkenntnisproblem in der Philosophie und Wissenschaft der neueren Zeit. Vierter Band: Von Hegels Tod bis zur Gegenwart (1832–1932)* (Hamburg: Meiner Verlag), S. 21.

DIE RELEVANZ DER WISSENSCHAFTSGE-SCHICHTE FÜR DIE WISSENSCHAFTS-PHILOSOPHIE DER PSYCHOANALYSE

PATRIZIA GIAMPIERI-DEUTSCH

Patrizia Giampieri-Deutsch ist Professorin für Psychotherapieforschung an der Karl Landsteiner Universität für Gesundheitswissenschaften, Krems; Psychoanalytikerin und Lehranalytikerin der Wiener Psychoanalytischen Vereinigung und der International Psychoanalytical Association. 2013 wurde sie zum wirklichen Mitglied der Österreichischen Akademie der Wissenschaften gewählt.

Dieser Beitrag befasst sich mit wirkmächtigen und für den Austausch mit den anderen Wissenschaften zentralen Stellungnahmen der Wissenschaftsphilosophie zur Psychoanalyse. Es wird in einem ersten Schritt erläutert, dass die spezifische Forschung der Psychoanalyse nicht lediglich nach außen, also gegenüber der Wissenschaftsphilosophie wie auch der Öffentlichkeit und den Versicherungsträgern, sondern unerwarteterweise auch nach innen in der *psychoanalytic community* selbst weitgehend unbekannt geblieben ist. In der Folge wird der Beitrag aufzeigen, dass gerade die Berücksichtigung der breit gefächerten Forschungsgeschichte der Psychoanalyse für ein treffendes wissenschaftsphilosophisches Verständnis der Disziplin unerlässlich ist. Es wird in den Mittelpunkt gestellt, dass es weder im Bezugsrahmen der tradierten Dilthey'schen

Dichotomie von Natur- und Geisteswissenschaften noch im Rahmen der
Theorie der Einheit der Wissenschaft
genügend Ansatzpunkte gibt, sich
der Psychoanalyse (wie auch anderen Gesundheitswissenschaften) wis-
senschaftsphilosophisch anzunähern,
und dass erst die Jerry Fodor'sche
Theorie der Spezialwissenschaften
wissenschaftsphilosophische Untersuchungen ermöglicht, die der spezifischen Beschaffenheit der Disziplin
gerecht werden. Denn erst eine ein-
gehende wissenschaftsphilosophische
Einschätzung der Psychoanalyse wird
es wiederum erlauben, einen ausge-
wogenen zweiten Blick auf die Wissenschaftsgeschichte der Psychoanalyse zu richten.

WAS FÜR EINE WISSENSCHAFT
IST DIE PSYCHOANALYSE?

Freuds Auffassung der Psychoanalyse als Fach zeigt sich in seiner Definition und in seiner Hierarchisierung
der Dimensionen ihres Wissens.
Die erste und wichtigste Dimension
ist die Möglichkeit der Erforschung
all jener Phänomene, die sich dem
Bewusstsein entziehen.
Die zweite ist jene der Behandlung,
der psychoanalytischen Therapie, die
der Forschung nachgereiht wird.

Abb. 1: Sigmund Freud Statue von Oskar Nemon, MUW Campus AKH. Autorin: Julia Engel

Die dritte Dimension ist jene einer
allgemeinen Psychologie oder Theorie des Geistes oder der Theorie mentaler Vorgänge (Giampieri-Deutsch
2020). Freuds Vorhaben richtet sich
nicht auf den Aufbau einer umschrie-
benen Krankheitslehre oder klinischen Pathologie, also nicht nur auf

eine Theorie der psychischen Störungen:

„Psychoanalyse ist der Name eines
Verfahrens zur Untersuchung seeli-
scher Vorgänge, welche sonst kaum
zugänglich sind; einer Behandlungsmethode neurotischer Störungen,

die sich auf diese Untersuchung gründet; einer Reihe von psychologischen, auf solchem Wege gewonnenen Einsichten, die allmählich zu einer neuen wissenschaftlichen Disziplin zusammenwachsen." (Freud 1923a [1922])

Als Beleg für die damalige Prioritätensetzung sei hinzugefügt, dass in Freuds Verständnis die klinische Ausübung der Psychoanalyse als Psychotherapie bloß eine Möglichkeit unter vielen ihrer möglichen Verwendungen darstellt: „Der Gebrauch der Analyse zur Therapie der Neurosen ist nur eine ihrer Anwendungen; vielleicht wird die Zukunft zeigen, daß sie nicht die wichtigste ist." (Freud 1926e, 283–284)
In der Schrift „Das Interesse an der Psychoanalyse" (Freud 1913j) denkt Freud an ein breit gefächertes Feld von Einsatzmöglichkeiten, etwa an Kooperationen mit der Biologie und Evolutionstheorie, später in Schriften wie *Die Frage der Laienanalyse* auch zunehmend an die Anwendung auf Gesellschaft und Kultur:

„Als ‚Tiefenpsychologie', Lehre vom seelisch Unbewußten, kann sie all den Wissenschaften unentbehrlich werden, die sich mit der Entstehungs-geschichte der menschlichen Kultur und ihrer großen Institutionen wie Kunst, Religion und Gesellschaftsordnung beschäftigen." (Freud 1926e, 283)

Freud plädiert gemäß seiner Auffassung von der Psychoanalyse als Wissenschaft für eine nicht bloß auf ihre Behandlungsmethode reduzierte Psychoanalyse: Im „Nachwort" zur *Frage der Laienanalyse* führt er aus: „[I]ch will nur verhütet wissen, daß die Therapie die Wissenschaft erschlägt." (Freud 1927a, 291)
Die Ergebnisse der bisherigen, traditionsreichen klinischen sowie empirischen und experimentellen psychoanalytischen Forschungen trugen dazu bei, die Grenzen der drei erwähnten Dimensionen – Untersuchungsmethode, Therapie und Theorie des Geistes – zunehmend zu erweitern.
Gemäß den Auspizien von Robert Wallerstein, der Psychoanalytiker und Professor an der University California, San Francisco war, braucht es Anstrengungen „entlang des ganzen Spektrums der Forschungsbereiche in der Psychoanalyse, empirische, klinische, begriffliche, historische und interdisziplinäre" Forschung (Wallerstein 2009, 109 [dt. Übers. d. Aut.]).

Nach Howard Shevrin, er war Psychoanalytiker und Professor an der University of Michigan, muss die Forschung in der Psychoanalyse als „Wissenschaft des Geistes" darauf abzielen,

„ein Erkenntnisgebäude auf der Grundlage von klinisch gewonnenen Einsichten sowie von systematischen, experimentellen und nichtexperimentellen Forschungen zu errichten und Brücken zu anderen Wissenschaften zu bauen. Dieses Ziel verlangt die Heranziehung der Funde der anderen Wissenschaften und ihrer Methoden sowohl für konvergente wie auch für potentiell kontradiktorische Evidenz." (Shevrin 1995, 967)

Mit Blick auf die erste Ebene von Freuds Definition des Faches, auf die Psychoanalyse als das privilegierte Verfahren zur Untersuchung nicht bewusster mentaler Vorgänge, wird der gegenständliche Artikel zeigen, wozu die Wissenschaftsgeschichte einen notwendigen Beitrag leisten kann.
Wenn der experimentellen Tradition in der psychoanalytischen Forschung eine Stimme verliehen wird, wird damit ein reichhaltiger Bereich

der Forschung in der Psychoanalyse wahrnehmbar.

Die experimentelle Forschung hatte ihren Ausgang bei Otto Pötzl im Jahr 1917 in Wien und unabhängig davon bei dem Triestiner Vittorio Benussi und seinem damaligen Schüler Cesare Musatti in Altösterreich und dann Italien. Diese Ansätze, die kontinuierlich, aber doch im Verborgenen ablaufen und nicht einmal in der Psychoanalyse einen großen Bekanntheitsgrad genießen, sollen im Folgenden beleuchtet werden.

PSYCHOANALYSE ALS PSYCHOANALYTISCHE THERAPIE, PSYCHOANALYTISCHE PSYCHOTHERAPIEFORSCHUNG UND IN DER FOLGE PSYCHOANALYSE ALS KLINISCHE WISSENSCHAFT

Die psychoanalytische Psychotherapieforschung nahm ihren Ursprung großteils in der Erforschung der Ergebnisse von Behandlungen, in der „Outcome"-Forschung, um sich in der Folge zunehmend verstärkt der Untersuchung psychotherapeutischer Abläufe, die zu einer therapeutischen Wirkung der Behandlung führen können, zuzuwenden.

Diese Aspekte wurden von mir, ausgehend von der Frage der Voraussage von Ergebnissen und Behandlungsverläufen, bereits ausführlich dargestellt. In der Tat ist es kaum bekannt und noch unzureichend rezipiert, dass empirische Ergebnis- und Prozessstudien für die Psychoanalyse kein neues Forschungsvorhaben sind (Giampieri-Deutsch 2016, 2018; dazu vgl. auch Fonagy 2002 und Wallerstein 2001).

Die erste Ergebnisstudie, in der von 93 Fällen 73 Prozent als geheilt oder mit wesentlichen Verbesserungen ausgewertet wurden, wurde bereits im Jahre 1917, also noch im ersten Jahrzehnt der Anwendung der Psychoanalyse in den Vereinigten Staaten, von Isador Henry Coriat, einem der Gründer der Boston Psychoanalytic Society, veröffentlicht.

Die erste in Europa verfasste Ergebnisstudie – *Statistischer Bericht über die therapeutische Tätigkeit 1920–1930* – über die therapeutischen Ergebnisse des Berliner Psychoanalytischen Institutes wurde in den 1930er-Jahren vom Wiener Psychoanalytiker Otto Fenichel publiziert.

Bereits in den 1940er-Jahren versuchte eine erste Übersichtsarbeit des Psychoanalytikers Robert P. Knight, die bisherigen Ergebnisstudien der

Psychoanalyse und der psychoanalytischen Psychotherapien zusammenzufassen.

Im Bereich der Ergebnis- und Prozessstudien in der Psychoanalyse stellt das Psychotherapieforschungsprojekt (PRP) der Menninger Stiftung, eine Langzeitstudie über die Wirksamkeit der psychoanalytischen Psychotherapie und Psychoanalyse, ausgehend von der Menninger Clinic in Topeka, Kansas, beginnend in den 1950er-Jahren und geleitet von Robert Wallerstein, eine historische Wende dar. Rückblickend schreibt Wallerstein: „Gewiss war das PRP das ehrgeizigste derartige Forschungsprogramm, das je durchgeführt wurde." (Wallerstein 2001, 49) Und er rechnet seine Studie zur dritten Generation der Psychotherapieforschung hinzu.

An der Menninger Clinic wurde die empirische Psychoanalyseforschung von Wallerstein und später von Psychoanalytikern wie Otto Kernberg und – an ihn anschließend – Glen O. Gabbard besonders erfolgreich vorangetrieben.

Wallersteins longitudinale naturalistische Prä-post-Studie wurde zur Gänze erst Mitte der 1980er-Jahre, genau 30 Jahre nach Beginn des PRP, als *Forty-Two Lives in Treatment. A Study of Psychoanalysis and Psychotherapy* (1986) veröffentlicht und enthält eine detaillierte Erfassung der Befunde sowie die Schlussfolgerungen des PRP, während eine Zusammenfassung der Hauptbefunde kurz danach publiziert wurde (Wallerstein 1988, 144–149). Das Vorhaben der Studie war, den Zustand von 42 Patientinnen und Patienten davor, während der ganzen Dauer der Behandlung und danach auszuwerten sowie die Untersuchung der Ergebnisse und des Prozesses der psychoanalytischen Therapien zu erfassen. Die eine Hälfte der Patientinnen und Patienten wurde mit Psychoanalyse, die andere mit psychoanalytischer Psychotherapie behandelt. Die natürliche Behandlungsspanne erstreckte sich von sechs Monaten bis zwölf Jahre; und von zwölf Jahren bis 24 Jahre nach Behandlungsbeendigung wurden alle Teilnehmerinnen und Teilnehmer an der Studie regelmäßig nachuntersucht (Wallerstein 2001, 49–54).

Nach der Pionierarbeit von Wallerstein nahmen die empirischen Ergebnis- und Prozessstudien in der Psychoanalyse signifikant zu und diversifizierten sich dank des Einsatzes von Methodologien aus den klinischen Nachbardisziplinen sowie aus den Sozial- und Humanwissenschaften. Diese naturalistischen Prä-post- wie auch die katamnestischen (oder Follow-up-) Langzeitstudien sowie die Prozessstudien waren aufwendig designt und wurden sorgfältig durchgeführt (Giampieri-Deutsch 2018).

Jedoch schwächte die erfolgreiche Durchsetzung der evidenzbasierten Medizin die empirisch gesammelte Evidenz der Psychoanalyse und der aus der Psychoanalyse stammenden Psychotherapien, weil naturalistische Studien gegenüber randomisierten kontrollierten Studien (RCT) für unterlegen und unzeitgemäß gehalten wurden. Die allgemeine Psychotherapiewissenschaft integrierte hingegen die Methode der RCT-Studien systematischer und bereits um einiges früher als die Psychoanalyse. Gegenwärtig werden Metaanalysen zur Wirksamkeit und zur Effektivität der psychodynamischen und der psychoanalytischen Psychotherapien sowie der Psychoanalyse in unabhängigen medizinischen, psychiatrischen und psychologischen – nicht hauseigenen psychoanalytischen – Zeitschriften veröffentlicht und zeigen die therapeutischen Ergebnisse als anhaltend, wobei sich Patientinnen und Patienten auch nach der Beendigung ihrer Behandlung weiterentwickeln (Giampieri-Deutsch 2018). Seit geraumer Zeit werden aufwendige und groß angelegte RCT-Forschungsdesigns auch in der psychoanalytischen Forschung systematisch angewendet.

In einer der renommierten RCT-Langzeitstudien, der *Helsinki Studie* von Paul Knekt (Knecht et al. 2011) mit Kolleginnen und Kollegen, konnte im Lauf von Jahrzehnten zuerst die Wirksamkeit der psychodynamischen Psychotherapie (durchschnittlich: eine Sitzung wöchentlich, für eine begrenzte Anzahl von Sitzungen), dann die Wirksamkeit der psychoanalytischen Psychotherapie (durchschnittlich: zwei bis drei Sitzungen wöchentlich für etwa drei bis fünf Jahre) und schließlich die Wirksamkeit der klassischen hochfrequenten Psychoanalyse auf der Couch (durchschnittlich: vier Sitzungen wöchentlich für etwa fünf Jahre) gezeigt werden (Giampieri-Deutsch 2018).

Nicht nur wird in der Psychoanalyse eine zunehmende Anzahl von eigenen RCT-Studien durchgeführt, auch wird seitens der *scientific community* die Prüfung bereits bestehender RCT-Studien und eine kritische Auswertung des manualisierten evidenzbasierten Ansatzes unternommen. Erwähnenswert ist, dass die Annahme der unumstrittenen Wirksamkeit und Effektivität der kognitiv-behavioralen Psychotherapien auch von einer rezenten Metaanalyse der kognitiv-behavioralen Behandlung der Depressionen von unabhängigen Forscherinnen und Forschern zuweilen auch infrage gestellt wird (Johnson und Friborg 2015).

Darüber hinaus führt Jonathan Shedler dazu eine selbstkritische Überlegung eines renommierten Forschers und kognitiv-behavioralen Psychotherapeuten wie Alan Kazdin sowie weitere kritische Darstellungen der American Psychological Association (2013) an, nach welchen manualisierte „evidence-based" Therapien nicht effektiver als andere Formen von Psychotherapien sind, die in diesem Zusammenhang ins Treffen geführt werden (Shedler 2015 und 2018; dazu vgl. Giampieri-Deutsch 2018).

Eine wachsende Anzahl von Studien trägt gegenwärtig dazu bei, eine anhaltende Voreingenommenheit aufzulösen: erstens, dass psychodynamische Psychotherapien, psychoanalytische Psychotherapien und Psychoanalyse nicht wirken würden, und zweitens, dass – wenn sie auch

Abb. 2: Peter Fonagy, University College London, Psychoanalysis Unit.

wirksam wären – ihre Wirksamkeit nicht bewiesen werden könne.

Die Evidenz der Wirksamkeit wurde gerade für jene Störungen untersucht, die in der Bevölkerung am meisten verbreitet sind und die dringendsten Gesundheitsprobleme unserer Zeit darstellen. Es konnten nachhaltige Veränderungen und eine deutliche Verminderung der Rückfalls-Vulnerabilität aufgezeigt werden.

Unter den RCT-Depressions-Studien in der Psychoanalyse können unter vielen anderen die *Münchner Studie,* geleitet von der Psychoanalytikerin Dorothea Huber, die Depressions-Studie, geleitet von der Psychoanalytikerin Ellen Driessen in den Niederlanden, und die *Tavistock Adult Depression Study (TADS),* geleitet von Peter Fonagy, erwähnt werden. Betreffend RCT-Angststörungs-Studien in der Psychoanalyse können unter vielen anderen jene rund um die Psychoanalyseforscherinnen und -forscher Simone Salzer, Manfred Beutel und Falk Leichsenring genannt werden (Giampieri-Deutsch 2018).

Die Anlehnung an die Methoden der Psychotherapiewissenschaft und deren Übernahme ermöglichten, eigene psychoanalytische RCT-Ergebnis- und Prozessstudien zu designen. Aus der jüngeren, jedoch inzwischen etablierten Disziplin der Psychotherapieforschung eignete sich die psychoanalytische Psychotherapieforschung einiges an und entwickelte dabei selbst eigene Auswertungsinstrumente mit validen und reliablen Messtechniken. Siehe dazu die ausführlichen Beschreibungen von Einzelstudien und von Auswertungsinstrumenten in

Giampieri-Deutsch (2002, 2004, 2005, 2009) sowie Barth, Giampieri-Deutsch und Klein (2012) und Levy und Kollegen (2012).

Historische und neuere Studien sowie Auswertungsinstrumente wurden in Peter Fonagys (2002) Sammlung *An Open Door Review of Outcome Studies in Psychoanalysis* zusammengefasst, eine aktualisierte Ausgabe (2020) ist bereits in Vorbereitung.

ABER IST DIE PSYCHOANALYSE ÜBERHAUPT NUR EINE KLINISCHE WISSENSCHAFT? ZUR RELEVANZ DER WISSENSCHAFTS-GESCHICHTE FÜR DIE WISSENSCHAFTSPHILOSOPHIE

Genau zur verantwortungsvollen Beantwortung der Frage, ob die Psychoanalyse in die engen Schranken einer klinischen Wissenschaft zu weisen ist, ist die Wissenschaftsgeschichte in meinem Fach von Bedeutung. Nur die wissenschaftsgeschichtliche Berücksichtigung der breit gefächerten Forschungsgeschichte in der Psychoanalyse ermöglicht ein stichhaltiges wissenschaftsphilosophisches Verständnis der Disziplin.

Die spezifische experimentelle Forschung der Psychoanalyse ist nicht lediglich nach außen, also gegenüber der Wissenschaftsphilosophie wie auch der Öffentlichkeit und den Versicherungsträgern, sondern unerwarteterweise auch nach innen in der *psychoanalytic community* selbst weitgehend unbeachtet geblieben.

Unschlüssige oder gar irreführende Aussagen Freuds werden von vielen Psychoanalytikerinnen und Psychoanalytikern sowie Historikerinnen und Historikern bereitwillig aufgenommen und im Sinne einer Schwächung der Psychoanalyse als Wissenschaft weiterverbreitet. So etwa eine folgende Aussage von Freud in der „XXIX. Vorlesung: Revision der Traumlehre":

„Nun hören Sie, erst ganz kürzlich haben die Mediziner an einer amerikanischen Universität sich geweigert, der Psychoanalyse den Charakter einer Wissenschaft zuzugestehen, mit der Begründung, daß sie keine experimentellen Beweise zulasse. [...] Man bleibt da auf die Beobachtung angewiesen."

Freud fügt jedoch auch hinzu:

„Immerhin haben gerade Wiener Forscher den Anfang gemacht, unsere Traumsymbolik experimentell zu bestätigen." (Freud 1933a [1932], 23)

Die Forscher, auf die Freud verwiesen hatte, waren Karl Schrötter, Herbert Silberer, Stephan Bethlheim und Heinz Hartmann (1924).

Noch zu erwähnen ist der US-amerikanische Experimentalpsychologe Saul Rosenzweig (1985; vgl. dazu auch Shakow und Rapaport 1964), der noch als junger Forscher mit Freud korrespondierte, um ihn von der Bedeutung der experimentellen Forschung auch für die Psychoanalyse zu überzeugen.

Freud scheint Bestätigungen der Psychoanalyse keinesfalls aus der experimentellen Forschung zu erwarten, sondern eher „aus Märchen, Sagen und Mythen [...] wobei wir aber natürlich nicht an den Bedeutungswandel vergessen dürfen, der im Laufe der Zeiten dieses Material betroffen hat." (Freud 1933a [1932], S. 25). So glaubt er in der „XXXV. Vorlesung: Über eine Weltanschauung" zu wissen: „Nur die Hilfe, die das Experiment der Forschung leistet, muß man in der Analyse entbehren." (Freud 1933a [1932], 188)

Mithilfe der Wissenschaftsgeschichte lässt sich allerdings zeigen, dass sich in der Tat von Beginn an eine experimentelle Forschung in der Psychoanalyse entwickelt hat.

Vom erwähnten Psychoanalytiker Shevrin (1995), einem führenden experimentellen Forscher, der mit den Methodologien der Nachbarwissenschaften bestens vertraut war, werden die Grenzen einer ausschließlich auf Ergebnis- und Prozessforschung gerichteten Psychotherapiewissenschaft aufgezeigt.

Shevrin weist auf drei Probleme hin, die aus einer Auffassung von der Psychoanalyse als einer rein klinischen Wissenschaft, wie sie beispielsweise von Horst Kächele vertreten wird, entstehen:

Erstens wird die Psychoanalyse auf die klinische Situation, also auf eine Behandlungsmethode, reduziert, deren Wirksamkeit überprüft werden soll und deren Prozesse untersucht werden müssen. Dadurch wird vernachlässigt, dass die Psychoanalyse Grundlegendes über das Mentale, dessen biologische Wurzeln sowie über die Entwicklung des mentalen Lebens zu sagen hat. Darüber hinaus werden die Implikationen der psychoanalytischen Theorie des Geistes für andere Wissenschaften übersehen. Zweitens bewirkt der Zugang der klinischen Wissenschaft, dass aufgrund der Reduktion der Psychoanalyse auf eine klinische Behandlungsmethode alle wissenschaftlichen Ressourcen der Psychoanalyse in die Psychotherapieforschung gesteckt werden müssten.

Drittens scheint die Psychotherapieforschung außer Acht zu lassen, dass eine unabhängige Evidenz für die psychoanalytischen Annahmen notwendig ist.

In ihrer Veröffentlichung „Psychoanalysis and the Unity of Sciences" bereits im Jahr 1954 hatte die vor den Pogromen nach Wien geflüchtete Lembergerin Else Frenkel-Brunswik – im Unterschied zu Wissenschaftsphilosophinnen und Wissenschaftsphilosophen nach ihr – alle ihr zugänglichen experimentellen Untersuchungen in ihrer wissenschaftsphilosophischen Überprüfung der Psychoanalyse ausgewertet und in diese integriert.

Frenkel-Brunswik hatte Mathematik und Physik studiert, 1930 promovierte sie in Psychologie und war anschließend bis 1938 Mitarbeiterin von Karl und Charlotte Bühler an der Universität Wien. Frenkel-Brunswik hatte auch Wissenschaftsphilosophie bei Moritz Schlick studiert, und die erwähnte Untersuchung war von Otto Neurath etwa 20 Jahre früher angeregt worden, um die wissenschaftsphilosophische Stellung der Psychoanalyse im Bezugsrahmen der Einheit der Wissenschaft zu klären. 1938 nach Kalifornien emigriert, widmet sich Frenkel-Brunswik schließlich dieser Aufgabe, beruft sich dabei auch auf Herbert Feigl und Philipp Frank und vertritt die Meinung, dass auch die Psychoanalyse auf lange Sicht in die Einheit der Wissenschaft integriert werden kann:

„Wenn auch die psychoanalytische Theorie ihre formale Struktur betreffend nicht perfekt ist, hat sie keine Rivalin unter den psychologischen Theorien in Bezug auf ihre Evidenz und ihre explanatorische Kraft." (Frenkel-Brunswik 1954, 342; dt. Übers. d. Aut.)

Auf die wissenschaftsphilosophische Untersuchung von Frenkel-Brunswik, die auch die Geschichte der experimentellen Forschung der Psychoanalyse integriert hatte, hat sich keine spätere wissenschaftsphilosophische Studie bezogen.

Weitere Schritte der experimentellen Forschung in der Psychoanalyse wurden von der Pionierzeit über die Freud-Nachfolge bis zur Gegenwart kontinuierlich herausgearbeitet.

Die psychoanalytische Untersuchung mentaler Vorgänge, die unter der Bewusstseinsschwelle liegen, die Subliminalitätsforschung, beginnt in Wien unter anderem mit Otto Pötzl (Pötzl 1917) und wird über Charles Fisher (Fisher 1960) bis zu Howard Shevrin (Shevrin et al. 1996; Shevrin 2004, 2005) in den Vereinigten Staaten fortgesetzt.

In einer späteren Ausgabe der *Traumdeutung* aus dem Jahre 1919 würdigt Freud den Wiener Kollegen Pötzl, der durch subliminale Stimulation eine noch heute in psychoanalytischen Laboratorien angewandte Methode (Shevrin et al. 1996; Shevrin 2004, 2005), unbewusste Phänomene außerhalb der analytischen Situation experimentell zu untersuchen, versuchte:

„*Pötzl* ließ von verschiedenen Versuchspersonen in Zeichnung fixieren, was sie von einem tachistoskopisch exponierten Bild bewußt aufgefasst hatten. Er kümmerte sich dann um den Traum der Versuchsperson in der folgenden Nacht und ließ geeignete Anteile dieses Traumes gleichfalls durch eine Zeichnung darstellen. Es ergab sich dann unverkennbar, dass die nicht von der Versuchsperson aufgefassten Einzelheiten des exponierten Bildes Material für die Traumbildung geliefert hatten, während die

bewusst wahrgenommenen und in der Zeichnung nach der Exposition fixierten im manifesten Trauminhalt nicht wieder erschienen waren. Das von der Traumarbeit aufgenommene Material wurde von ihr in der bekannten ‚willkürlichen‘, richtiger: selbstherrlichen Art im Dienste der traumbildenden Tendenzen verarbeit[et].“ (Freud 1900a, 188)

Freuds hinzugefügte Bemerkung in seiner Fußnote zeigt uns, dass er mit den experimentellen Untersuchungen des Traumes seiner Zeit vertraut gewesen ist:

„Es sei noch mit einem Wort darauf hingewiesen, wie weit diese neue Art, die Traumbildung experimentell zu studieren, von der früheren groben Technik absteht, die darin bestand, schlafstörende Reize in den Trauminhalt einzuführen.“ (Freud 1900a, S. 188)

Neben dem bekannteren Pötzl sei hier Vittorio Benussi erwähnt, der ein Schüler von Alexius Meinong in Graz gewesen ist. Wie Freud hatte auch Meinong bei Franz Brentano studiert. Damit befinden wir uns im Bereich der österreichischen Philosophie, einer wissenschaft-

lichen Philosophie, die inmitten ihrer Blüte zur Zeit des Wiener Kreises infolge der nationalsozialistischen Machtergreifung in die Diaspora zerstreut wurde und deren Tradition teilweise in die analytische Philosophie und in die Philosophie des Geistes aufgenommen wurde.

Am 8. Kongress der Internationalen Psychoanalytischen Vereinigung, am 23. April 1924, trug Benussi die Ergebnisse seiner Untersuchungen im Labor „Zur experimentellen Erforschung der normalerweise unbewussten Vorgänge“ vor.

Spuren seiner Forschungen (Benussi 1923, 1925, 1927) lassen sich bis zum *Trattato di psicoanalisi* von Cesare Musatti (1977), Professor für Psychologie an der Università Statale von Mailand, Pionier der Psychoanalyse in Italien und langjähriger Präsident der Società Psicoanalitica Italiana (SPI), zurückverfolgen. Musatti war Mathematiker, Experimentalpsychologe sowie ehrenamtlicher Assistent von Benussi und hatte dessen Nachlass weitgehend publiziert und auch dessen Forschungen vom psychoanalytischen Standpunkt aus kommentiert (Musatti 1957).

Da die experimentelle Forschung in der Psychoanalyse nicht zuletzt auf die Untersuchung und Überprüfung ihrer Grundannahmen abzielt, nimmt Shevrin Stellung gegen die Kritik des Wissenschaftsphilosophen Adolf Grünbaum (1984, 1991, 1993, 2002; dazu vgl. auch Hanly 1983) an der Psychoanalyse.

Wenn auch kritische Einwände von Grünbaum erhoben werden, hält er im Gegensatz zu Karl Popper psychoanalytische Annahmen im Prinzip für überprüfbar. Allerdings ist Grünbaum der Meinung, dass die Überprüfung der Grundannahmen der Psychoanalyse noch nicht stattgefunden hat, weil sie hauptsächlich in der klinischen Behandlungssituation nach der Methode der Einzelfallstudie unternommen worden ist. Aber klinische Daten aus der Behandlungssituation, nach Grünbaums Kritik, werden durch Suggestion methodologisch beeinträchtigt.

Grünbaum selbst bezieht sich weder auf die empirische psychoanalytische Psychotherapieforschung, die bereits seit 1917 stattgefunden hat, noch auf die Geschichte der experimentellen Forschung in der Psychoanalyse, die in die wissenschaftsphilosophischen Untersuchung von Frenkel-Brunswik integriert wurde, noch auf andere der vorliegenden experimentellen Untersuchungen.

Shevrin (2004) ist mit Grünbaum der Meinung, dass die Psychoanalyse von Annahmen ausgeht, die sich einer Überprüfung in der klinischen analytischen Situation entziehen, deshalb sind seine Untersuchungen in Design und Methode experimentell, sodass sich Grünbaums Einwände hier als nicht zutreffend erweisen. In Shevrins Labor wird die Annahme eines mentalen kausalen Unbewussten in drei Schlüsselexperimenten überprüft: Beim ersten Experiment geht es um unbewussten Konflikt, beim zweiten um unbewussten Affekt und beim dritten um Signalangst. Alle drei Experimente sprechen grundlegende Fragestellungen der psychoanalytischen Theorie an, unter der gezielten Verwendung von Methodologien aus der Kognitionspsychologie und Neurobiologie seitens eines auch klinisch erfahrenen Analytikers und seiner klinisch ausgebildeten Mitarbeiterinnen und Mitarbeiter (Shevrin 2004).

Experimente wurden auch in die Psychotherapieforschung integriert, und in diesem Sinn versucht die Psychoanalyse, besser zu verstehen, wie therapeutische Veränderungen bewirkt werden, indem die Auswirkung psychodynamischer Behandlungen auf neurobiologische Funktionen hin

untersucht wird. Diesbezüglich sind etwa die Ergebnisstudie der psychodynamischen Behandlung der Panikstörung, geleitet von Manfred Beutel unter Anwendung der funktionellen Magnetresonanztomografie (fMRT), und die Untersuchung der neuronalen Korrelate der psychodynamischen Psychotherapien der Depression, geleitet von Sharmin Ghaznavi, zu erwähnen (Giampieri-Deutsch 2018).

DIE „SPEZIALWISSENSCHAFTEN" ALS TAXONOMISCHER BEZUGSRAHMEN FÜR DIE PSYCHOANALYSE

Seit dem Erscheinen von Jerry Fodors „Special Sciences, or The Disunity of Science as a Working Hypothesis" in seinem *The Language of the Thought* (1975) Mitte der 1970er-Jahre sind nicht nur viele Wissenschaftlerinnen und Wissenschaftler aus dem kognitiven Feld geneigt, zu glauben, dass weder die Neurobiologie noch die Physik ausreichend erklären können, was sie im Rahmen ihrer wissenschaftlichen Disziplin machen (Oppenheim und Putnam 1958).

Fodors Ansatz ist bekanntlich, dass das Projekt der Einheit der Wissenschaft nicht erfüllt werden kann. So ist Fodors Auffassung, dass manche Wissenschaften wie die Soziologie, die Ökonomie, die Linguistik oder die Anthropologie, aber auch die Psychologien, insbesondere die kognitive Psychologie, und ich würde auch die Psychoanalyse hinzufügen, „autonom" sind, weil sie Bereiche untersuchen, die von besonderen Gesetzen geleitet werden.

Nach Hilary Putnams Prinzip der „multiplen Realisierbarkeit des Mentalen" können psychologische Gesetze in verschiedenen physikalischen Systemen realisiert werden, wie auch Fodor in seinem rezenteren Beitrag „Special Sciences: Still Autonomous After All These Years" wieder betont (Fodor 1975 und 1997; vgl. Gillett 2003; vgl. dazu kritisch Jones 2004; Kim 2010; Meyering 2000).

Sinngemäß ist nach Fodor die gemeinsame Basis aller Wissenschaften die Forderung, dass Wissenschaften Regelmäßigkeiten in der Beziehung zwischen Phänomenen entdecken, deren kausale Beziehungen untersuchen und gesetzähnliche Verallgemeinerungen oder „Gesetze" sowie Erklärungen vorschlagen. In einer Wissenschaft werden spezifische, für die jeweilige Wissenschaft relevante Aspekte eines Phänomens isoliert

Abb. 3: Jerry Fodor, Rutgers University of New Jersey.

und dazugehörige Begriffe verwendet, um Regelmäßigkeiten in diesem einen speziellen Bereich zu beschreiben. Daran anschließend werden gesetzähnliche Verallgemeinerungen oder Gesetze zur Erklärung dieser Regelmäßigkeiten formuliert. Weiters wird ein Argument zur Rechtfertigung der erklärenden Verallgemeinerung aufgestellt. Ein vorläufiges Argument wird erst durch die empirische, intersubjektive Evidenz zwingend. Trotzdem bleibt jede Erkenntnis vorläufig und ist der intersubjektiven Überprüfung und Kontrolle unterworfen. Das bereits Gesagte stellt kein Hindernis dafür dar, dass spezielle Wissenschaften autonom sind.

Die Theorie der Spezialwissenschaften hilft aus der Sackgasse einer wissenschaftsphilosophischen Untersuchung der Psychoanalyse entweder im Bezugsrahmen der Einheit der Wissenschaft oder der Dilthey'schen Dichotomie der Wissenschaften. Letztere führt immer wieder zu einer unschlüssigen Anerkennung der Psychoanalyse als einer Mischform, einer „Sowohl- als-auch"- oder einer „Dazwischen"-Disziplin.

Wenn Freud wissenschaftsgeschichtlich im Bezugsrahmen der österreichischen Philosophie gelesen wird (Giampieri-Deutsch 1989, 1990a, 1990b, 1997, 2002, 2004, 2006, 2019), wird eine gemeinsame Haltung der österreichischen Philosophen wie Brentano, Mach, Husserl und Freud selbst sichtbar, nach der die Dilthey'sche Zweiteilung der Wissenschaften in Geistes- und Naturwissenschaften mit der entsprechenden Unterscheidung und klaren Trennung der respektiven

Methoden abgelehnt oder ignoriert wird.

Brentano lässt 1874 zwei Wissenschaften, Psychologie und Naturwissenschaften, zu, die aber mit derselben Methode, der sogenannten „naturwissenschaftlichen", arbeiten. Brentano wird sich auch mit Dilthey auseinandersetzen und dessen Unterscheidung ablehnen. Gegen die Auffassungen von Dilthey, der sich der Übernahme sogenannter „naturwissenschaftlicher" Methoden in den Bereich der Geisteswissenschaften widersetzte, in dessen Methode aber Brentano die Regeln der Logik und der wissenschaftlichen Methoden nicht respektiert sah, plädierte Brentano für eine Methode, in der die äußere und die innere Erfahrung und nicht die Erkenntnisse *a priori* die Quelle unserer Erkenntnisse seien (Brentano 1893, 9; vgl. Giampieri-Deutsch 2002, 2004, 2005).

Anders als in der klassischen analytischen Philosophie, aber auch im Unterschied zu einem Pionier der „mentalistischen Wende" wie Donald Davidson (1970) und dessen Theorie der Anomalie des Mentalen sowie dessen Haltung in der Wissenschaftsphilosophie, die dem Programm der Einheit der Wissenschaft entspricht, ermöglicht die nicht reduktive Theorie der Spezialwissenschaften einen wissenschaftsphilosophischen Zugang, der verschiedene Versionen der Psychologien bzw. der Theorien des Geistes zulässt.

Davidson hat aufgrund seiner Theorie der Anomalie des Mentalen gegen die Möglichkeiten von strikten psychologischen Gesetzen argumentiert und der Psychologie folglich den Status einer Wissenschaft abgesprochen. Davidson hat somit die Psychologie nicht als der Wissenschaft zugehörig, sondern als einen Teil der Philosophie betrachtet.

Hingegen ermöglicht Fodors Theorie der Spezialwissenschaften den Psychologien die Anerkennung als „autonome" Wissenschaften, dadurch können auch die wissenschaftlichen Bemühungen der Psychoanalyse in diesem Bezugsrahmen anerkannt werden.

SCHLUSSWORTE

Die empirische Psychotherapieforschung, die experimentellen Forschungsansätze und die kooperativen interdisziplinären Untersuchungen in der Psychoanalyse unter Anwendung von Methodologien der Nachbarwissenschaften vermitteln bestimmt kein einheitliches, jedoch ein lebendiges und dynamisches Bild, das die Anfänge der Psychoanalyse in Erinnerung ruft, als Freuds Anspruch auf Wissenschaftlichkeit klar und deutlich formuliert war.

Die Wissenschaft, so Freud in seiner „XXXV. Vorlesung: Über eine Weltanschauung",

„gibt uns Bruchstücke angeblicher Erkenntnis, die sie nicht zur Übereinstimmung miteinander bringen kann, sammelt Beobachtungen und Regelmäßigkeiten im Ablauf der Geschehnisse, die sie mit dem Namen von Gesetzen auszeichnet und ihren gewagten Deutungen unterwirft. [...] Alles, was sie lehrt, gilt nur vorläufig; was man heute als höchste Wahrheit anpreist, wird morgen verworfen und wiederum nur probeweise durch anderes ersetzt." (Freud 1933a [1932], 186–187)

In diesem Sinn versteht dann Freud auch die Psychoanalyse als „ein Stück Wissenschaft". Die Psychoanalyse „kann sich der wissenschaftlichen Weltanschauung anschließen. Diese verdient aber kaum den großtönenden Namen, denn sie schaut nicht alles an, sie ist zu unvollendet, erhebt keinen Anspruch auf Geschlossenheit und Systembildung." (Freud 1933a [1932], 197)

LITERATUR

In diesem Artikel erfolgt die Zitation der Schriften von Sigmund Freud nach Freud, Sigmund: *Gesammelte Werke*, 18 Bde., Freud, Anna et al. (Hg.), und ein nicht nummerierter *Nachtragsband* (im Folgenden zitiert als „GW Erscheinungsjahr Kleinbuchstaben"), Frankfurt am Main: Fischer.

Die Jahresangaben zu den Publikationen Sigmund Freuds sind entnommen aus: Meyer-Palmedo, Ingeborg und Fichtner, Gerhard (1989): *Freud-Bibliographie mit Werkkonkordanz*. Frankfurt am Main: Fischer, 15–90.

Die in Klammern ergänzten Jahresangaben geben das Jahr der Erstveröffentlichung an. Im gleichen Jahr publizierte Schriften werden durch Kleinbuchstaben unterschieden. Die nachgestellten Zahlen nennen das Jahr der Niederschrift.

American Psychological Association (APA) (2013): Recognition of psychotherapy effectiveness: the APA resolution, in: *Psychotherapy* 50 (1), 98–101.

Barth, Friedrich / Giampieri-Deutsch, Patrizia / Klein, Hans-Dieter (Hg.) (2012): *Sensory Perception. Mind and Matter*. Wien, New York: Springer.

Benussi, Vittorio (1923): La suggestione e l'ipnosi come mezzo di analisi psichica reale, in: *Atti del IV. Congresso Nazionale di Psicologia*. Firenze: Bandettini 1925, 35–65.

Benussi, Vittorio (1925): *La suggestione e l'ipnosi come mezzo di analisi psichica reale*. Bologna: Zanichelli.

Benussi, Vittorio (1927): Zur experimentellen Grundlegung hypnosuggestiver Methoden psychischer Analyse, in: *Psychologische Forschung* 9, 197–274.

Betlheim, Stephan und Hartmann, Heinz (1924): Über Fehlreaktionen bei der Korsakoffschen Psychose, in: *Archiv für Psychiatrie und Nervenkrankheiten* 72, 275–286.

Brentano, Franz (1874): *Psychologie vom empirischen Standpunkt*. Bd. 1. Hamburg: Meiner Verlag, 1924.

Brentano, Franz (1893): Über die Zukunft der Philosophie, in ders.: *Über die Zukunft der Philosophie*. Hamburg: Meiner Verlag, 1929, 7–81.

Coriat, Isador Henry (1917): Some statistical results of the psychoanalytical treatment of the Psychoneurosis, in: *Psychoanalytic Review* 4 (2), 209–216.

Davidson, Donald (1970): Mentale Ereignisse, in ders.: *Handlung und Ereignis*. Frankfurt am Main: Suhrkamp (Deutsche Übersetzung 1990), 291–320.

Fenichel, Otto (1930): Statistischer Bericht über die therapeutische Tätigkeit 1920–1930, in: Radó, *Sándor* / Fenichel, Otto / Müller-Braunschweig, Carl (Hg.): *Zehn Jahre Berliner Psychoanalytisches Institut, Poliklinik und Lehranstalt*. Wien: Internationaler Psychoanalytischer Verlag, 13–19.

Fisher, Charles (1960): Introduction, in: Pötzl, Otto / Allers, Rudolf / Teler, Jakob (Hg.): *Preconscious Stimulation in Dreams, Associations, and Images*. Psychological Issues, Bd. 2, Monograph 7. New York: International Universities Press, 1–40.

Fodor, Jerry (1975): Special sciences, or the disunity of science as a working hypothesis, in: *The Language of the Thought*. New York: Crowell, 9–25 (Nachdruck in: Block, Ned (Hg.) (1980): *Readings in Philosophy of Psychology*. Bd. 1. Cambridge, MA: Harvard University Press, 120–133).

Fodor, Jerry (1997): Special sciences: Still autonomous after all these years, in: *Noûs* 31, 149–163.

Fonagy, Peter (Hg.) (2002): *An Open Door Review of Outcome Studies in Psychoanalysis*. 2. Ausgabe. London: International Psychoanalytical Association.

Frenkel-Brunswik, Else (1954). Contributions to the analysis and synthesis of knowledge, in: *Proceedings of the American Academy of Arts and Sciences* 80 (4): 271–347.

Freud, Sigmund (1900a): *Die Traumdeutung*. GW 2/3.

Freud, Sigmund (1913j): *Das Interesse an der Psychoanalyse*. GW 8, 389–420.

Freud, Sigmund (1916–17a [1915–17]): *Vorlesungen zur Einführung in die Psychoanalyse*. GW 11.

Freud, Sigmund (1923a [1922]): „Libidotheorie", „Psychoanalyse". GW 13, 211–233.

Freud, Sigmund (1926e): *Die Frage der Laienanalyse. Unterredungen mit einem Unparteiischen*. GW 14, 207–286.

Freud, Sigmund (1927a): Nachwort zur *Frage der Laienanalyse: Unterredungen mit einem Unparteiischen*. GW 14, 287–296.

Freud, Sigmund (1933a [1932]): XXIX. Vorlesung: Revision der Traumlehre. *Neue Folge der Vorlesungen zur Einführung in die Psychoanalyse*. GW 15, 6–31.

Freud, Sigmund (1933a, [1932]): XXXV. Vorlesung: Über eine Weltanschauung. *Neue Folge der Vorlesungen zur Einführung in die Psychoanalyse*. GW 15, 170–197.

Giampieri-Deutsch, Patrizia (1989): Freud: ein österreichischer Philosoph?, in: *Austriaca. Aspects de la philosophie autrichienne* 14/28, 69–86.

Giampieri-Deutsch, Patrizia (1990a): Freud und die österreichische Philosophie, in: Nagl, Ludwig / Vetter, Helmuth / Leupold-Löwenthal, Harald (Hg.): *Philosophie und Psychoanalyse*. Frankfurt am Main: Nexus Verlag, 41–54.

Giampieri-Deutsch, Patrizia (1990b): Mach und Freud: Ein Vergleich, in: *Zeitgeschichte* 17 (7–8), 291–310.

Giampieri-Deutsch, Patrizia (1997): Die revolutionären Massen: Nur ein Wunschtraum der Linken?, in: Szanya, Anton (Hg.): *Psychoanalyse der Revolutionen*. Wien: Picus Verlag, 107–126.

Giampieri-Deutsch, Patrizia (Hg.) (2002): *Psychoanalyse im Dialog der Wissenschaften. Europäische Perspektiven*. Bd. 1. Stuttgart: Kohlhammer.

Giampieri-Deutsch, Patrizia. (Hg.) (2004): *Psychoanalyse im Dialog der Wissenschaften. Angloamerikanische Perspektiven*. Bd. 2. Stuttgart: Kohlhammer.

Giampieri-Deutsch, Patrizia (Hg.) (2005): *Psychoanalysis as an Empirical, Interdisciplinary Science. Collected Papers on Contemporary Psychoanalytic Research*. Wien: Verlag der Österreichischen Akademie der Wissenschaften.

Giampieri-Deutsch, Patrizia (2006): Ethik in der österreichischen Philosophie, in: Acham, Karl (Hg.): *Geschichte der österreichischen Humanwissenschaften*. Bd. 6.2: *Philosophie und Religion: Gott, Sein und Sollen (1998–2006)*. Wien: Passagen Verlag, 441–498.

Giampieri-Deutsch, Patrizia (Hg.) (2009): *Geist, Gehirn, Verhalten. Sigmund Freud und die modernen Wissenschaften*. Würzburg: Königshausen und Neumann.

Giampieri-Deutsch, Patrizia (2016): Ansätze zur Frage der Voraussage in der Psychoanalyse und in den Psychotherapiewissenschaften vom geschichtsphilosophischen, klinischen und empirischen Standpunkt, in: Bachleitner, Reinhard / Weichbold, Martin / Pausch, Markus (Hg.): *Wissenschaftstheoretische und methodologische Problemlagen empirischer Voraussagen und statistischer Vorhersagen*. Wien, New York: Springer, 202–220.

Giampieri-Deutsch, Patrizia (2018): Zu den Ursprüngen der Frage der Voraussage in der Psychoanalyse in Wien und zu ihrer Fortsetzung in der Emigration, in: Angetter, Daniela / Nemec, Birgit / Posch, Herbert / Druml, Christiane / Wendling, Paul (Hg.): *Strukturen und Netzwerke – Medizin und Wissenschaft in Wien 1848–1955*. Göttingen, Wien: V&R unipress und Vienna University Press, 763–785.

Giampieri-Deutsch, Patrizia (2019): Ernst Mach und Sigmund Freud: Fortsetzung der Philosophie mit anderen Mitteln?, in: Stadler, Friedrich (Hg.): *Ernst Mach – Zu Leben, Werk und Wirkung. Veröffentlichungen des Instituts Wiener Kreis*. Bd. 29. Cham: Springer Nature Switzerland, 45–73.

Giampieri-Deutsch, Patrizia (2020): Einführung in Freuds Schriften *Das Ich und das Es* und „Die Zerlegung der psychischen Persönlichkeit", in: Freud, Sigmund: *Freuds dynamisches Strukturmodell des Mentalen im 21. Jahrhundert. Herausgegeben und kommentiert von Patrizia Giampieri-Deutsch. Sigmund Freuds Werke. Wiener Interdisziplinäre Kommentare*. Göttingen: V&R unipress, Vienna University Press und Vandenhoeck & Ruprecht, 9–82.

Gillet, Carl (2003): The metaphysics of realization, multiple realizability and the special sciences, in: *Journal of Philosophy* 22, 591–603.

Grünbaum, Adolf (1984): *Die Grundlagen der Psychoanalyse. Eine philosophische Kritik*. Stuttgart: Reclam (Deutsche Übersetzung 1988).

Grünbaum, Adolf (Hg.) (1991): *Kritische Betrachtungen zur Psychoanalyse. Adolf Grünbaums „Grundlagen" in der Diskussion*. Berlin, Heidelberg, New York: Springer.

Grünbaum, Adolf (1993): *Validation in the Clinical Theory of Psychoanalysis. A Study in the Philosophy of Psychoanalysis*. Psychological Issues. Monograph 61. Madison, CT: International Universities Press.

Grünbaum, Adolf (2002): Critique of psychoanalysis, in: Erwin, Edward (Hg.): *The Freud Encyclopedia. Theory, Therapy and Culture*. Routledge: New York, London, 117–136.

Hanly, Charles (1983): A problem of theory testing, in: *The International Review of Psycho-Analysis* 10, 394.

Jones, Todd Edwin (2004): Special sciences. Still a flawed argument, in: *Cognitive Science* 28, 409–432.

Johnson, Tom J. und Friborg, Oddgeir (2015): The effects of cognitive behavioral therapy as an anti-depressive treatment is falling. A meta-analysis, in: *Psychological Bulletin* 141 (4), 747–768.

Kim, Jagewon (2010): Why there are no laws in the special sciences – Three arguments, in ders.: *Essays in the Metaphysics of Mind*. Oxford: Oxford University Press, 1–39.

Knekt, Paul / Lindfors, Olavi / Laaksonen, Maarit A. / Renlund, Camilla / et al. (2011): Quasi-experimental study on the effectiveness of psychoanalysis, long-term and short-term psychotherapy on psychiatric symptoms, work ability and functional capacity during a 5-year follow-up [Helsinki Studie], in: *Journal of Affective Disorders* 132 (1/2), 37–47.

Knight, Robert P. (1941): Evaluation of the results of psychoanalytic therapy, in: *American Journal of Psychiatry* 98 (3), 434–446.

Levy, Raymond / Ablon, J. Stuart / Kächele, Horst (Hg.) (2012): *Psychodynamic psychotherapy research. Evidence-based practice and practice-based evidence*. New York, Dordrecht, Heidelberg: Springer Science, Humana Press.

Meyering, Theo C. (2000): Physicalism and downward causation in psychology and the special sciences, in: *Inquiry* 43 (2), 181–202.

Musatti, Cesare (1957): Coscienza e inconscio nelle ricerche sperimentali di Vittorio Benussi, in: *Rivista di Psicologia* 51,3–23.

Musatti, Cesare (1977): *Trattato di psicoanalisi*. Torino: Boringhieri.

Oppenheim, Paul und Putnam, Hilary (1958): Unity of science as a working hypothesis, in: Feigl, Herbert / Scriven, Michael / Maxwell, Grover (Hg.): *Minnesota Studies in the Philosophy of Science*. Bd. 2. Minneapolis: University of Minnesota Press, 3–36.

Pötzl, Otto (1917): Experimentell erregte Traumbilder in ihrer Beziehung zum indirekten Sehen, in: *Zeitschrift für die gesamte Neurologie und Psychiatrie* 37, 278–349.

Rosenzweig, Saul (1985): *Freud and Experimental Psychology: The Emergence of Idiodynamics*. St. Louis: Rana House und New York: McGraw-Hill.

Shakow, David und Rapaport, David (1964): *The Influence of Freud on American Psychology.* Psychological Issues, Vol. 4, Monograph 13. New York: International Universities Press.

Shedler, Jonathan (2015): Where is the evidence for "evidence-based" therapy?, in: *The Journal of Psychological Therapies in Primary Care* 4, 47–59.

Shedler, Jonathan (2018): Where is the evidence for "evidence-based" therapy? (Revidierte und erweiterte Version), in: *The Psychiatric Clinics of North America* 41, 319–329.

Shevrin, Howard (1995): Is psychoanalysis one science, two sciences, or no science at all? A discourse among friendly antagonists, in: *Journal of the American Psychoanalytic Association* 43, 963–986.

Shevrin Howard (2004): Die experimentelle Untersuchung von unbewusstem Konflikt, unbewusstem Affekt und unbewusster Signalangst, in: Giampieri-Deutsch, Patrizia (Hg.): *Psychoanalyse im Dialog der Wissenschaften. Angio-amerikanische Perspektiven.* Bd. 2. Stuttgart: Kohlhammer, 114–142.

Shevrin, Howard (2005): Toward a theory of consciousness based on recent developments in subliminal research, in: Giampieri-Deutsch, Patrizia (Hg.): *Psychoanalysis as an Empirical, Interdisciplinary Science. Collected Papers on Contemporary Psychoanalytic Research.* Wien: Verlag der Österreichischen Akademie der Wissenschaften, 57–73.

Shevrin, Howard / Bond, James A. / Brakel, Linda / Hertel, Richard / Williams, William J. (1996): *Conscious and Unconscious Processes. Psychodynamic, Cognitive, and Neurophysiological Convergences.* New York, London: Guilford Press.

Wallerstein, Robert S. (1986): *Forty-Two Lives in Treatment. A Study of Psychoanalysis and Psychotherapy.* New York: Guilford Press.

Wallerstein, Robert S. (1988): Psychoanalysis and psychotherapy: Relative roles reconsidered, in: Chicago Institute for Psychoanalysis (Hg.): *The Annual of Psychoanalysis* 16. Madison, CT: International Universities Press, 129–151.

Wallerstein, Robert S. (2001): Die Generationen der Psychotherapieforschung. Ein Überblick, in: Stuhr, Ulrich / Leuzinger-Bohleber, Marianne / Beutel, Manfred (Hg.): *Langzeitpsychotherapien. Perspektiven für Therapeuten und Wissenschaftler.* Stuttgart: Kohlhammer, 38–60.

Wallerstein, Robert S. (2009): What kind of research in psychoanalytic science?, in: *International Journal of Psychoanalysis* 90, 109–133.

WISSENSCHAFTS-GESCHICHTE ALS REFLEXIONS-INSTANZ, RELATIONS-AGENTUR UND IMPULSGEBERIN

JOHANNES FEICHTINGER

Johannes Feichtinger ist Historiker und Kulturwissenschaftler an der Österreichischen Akademie der Wissenschaften und der Universität Wien. 2015 wurde er zum korrespondierenden Mitglied der ÖAW gewählt.

Wissenschaftsgeschichte ist heute weder nationale Heldengeschichte noch Leistungsschau der Disziplinen. Sie widmet sich verstärkt der kritisch-reflexiven Analyse historischer Wissensproduktion als Grundlage gesellschaftlichen Handelns und ist damit von allgemeinhistorischer Relevanz. Dabei bedient sie sich unterschiedlicher Forschungsansätze, die unter anderem die Institutionengeschichte, die historische Epistemologie und seit Neuerem die Wissensgeschichte inkludieren. Die Wissenschaftsgeschichtsschreibung ist disziplinär offen und wandlungsfähig geblieben und hat den Anschluss an die jeweils gegenwärtigen gesellschaftlichen Herausforderungen nicht verpasst. Die Vielfalt ihrer Herangehensweisen ist durch neuere Handbücher eindrucksvoll dokumentiert.[1]

In diesem Beitrag möchte ich wichtige Wandlungen in der Wissenschaftshistoriografie rekonstruieren und mich dabei auf Neuerungen beschränken, die insbesondere für Allgemeinhistorikerinnen und Allgemeinhistoriker relevant sein können. Historisch betrachtet werden dabei die Kontextualisierung, die Historisierung und die Lokalisierung der wissenschaftlichen Produktion, die im Folgenden als Hinführungen zu einer neuen Wissenschaftsglobalgeschichte verstanden werden. Zwei neue Fragen bewegten die Wissenschaftshistorikerinnen und Wissenschaftshistoriker im letzten Viertel des 20. Jahrhunderts zunehmend: das „Making" und „Moving" von Wissen. In welchen Kontexten wird wissenschaftliches Wissen gemacht? Und: Wie kann das lokal erzeugte Wissen in globalen Kontexten Verbreitung und Anwendung finden? Antworten darauf wurden auf der Grundlage der damals neuen Forschungszugänge der Kontextualisierung und Historisierung der Wissensproduktion gesucht und gefunden.

KONTEXTUALISIERUNG

Die Anfänge einer kontextualisierenden Wissenschaftsgeschichtsbetrachtung reichen zurück auf Wissenschaftler wie Joseph Needham und John Desmond Bernal sowie auf Historiker wie Herbert Butterfield und Quentin Skinner. Skinner zeigte, ausgehend von Ludwig Wittgenstein und John Austins Sprechakttheorie, dass sich Ideengeschichte nicht ohne die Rekonstruktion der sprachlichen Kontexte schreiben lässt. Marxistische Wissenschaftshistoriker erweiterten das Spektrum auf politische, soziale und ökonomische Kontexte. Die „Science-in-Context-Bewegung" der 1980er-Jahre bleibt für die Wissenschaftshistoriografie bis heute relevant. Mitchell Ash spricht zuletzt von einem „Kontextualisierungsgebot",[2] das er in der quellenfundierten Rekonstruktion der Ermöglichungsbedingungen wissenschaftlichen Handelns, das heißt in der historisierenden Einstellung zum Gegenstand, erkennt. Viele Wissenschaftshistorikerinnen und Wissenschaftshistoriker teilen die Überzeugung, dass die Kontextualisierung wissenschaftlicher Produktion grundlegend ist für eine Wissenschaftsgeschichte, die mehr sein will als eine bloße Leistungsschau der Disziplinen.

HISTORISIERUNG

Historisierung ist unerlässlich, soll die wissenschaftliche Produktion nicht am Maßstab der Gegenwart, sondern an den Bedingungen und Möglichkeiten der Vergangenheit gemessen werden. Sie kann zwar keine kausalen Erklärungen liefern, jedoch Handlungsoptionen und Handlungsspielräume für Wissenschaftlerinnen und Wissenschaftler aufzeigen. Darin liegt auch ihr kritisches Potenzial, das es ihr erlaubt, sich ihrer Rolle als Reflexionsinstanz und Relationsagentur bewusst zu werden. Diese Funktion hat eine Geschichte, die hier kurz anhand zweier Beispiele erläutert wird.

[1] Vgl. Sommer, Marianne / Müller-Wille, Staffan / Reinhardt, Carsten (2017): Handbuch Wissenschaftsgeschichte (Stuttgart: Metzler); Lightman, Bernard (2016): *A Companion to the History of Science* (Chichester: Wiley Blackwell).

[2] Ash, Mitchell G. (2018): Wissenschaftsgeschichte in der Geschichtswissenschaft, in: *Berichte zur Wissenschaftsgeschichte* 41, 329–332, hier 331.

Im Wiener Fin de Siècle reflektierten einzelne Forscher, die um die Stärkung der relativen Autonomie der Wissenschaft bemüht waren, den Sinn ihres Handelns in ihren fachspezifischen Analysen mit. Relative Autonomie bedeutete für sie weder Wissenschaft im Elfenbeinturm noch Gelehrtenpolitik. Sie anerkannten die Spielregeln der Wahrheitsfindung und wiesen äußere politische Anforderungen zurück. Durch ihr kritisch-reflexives Forschen intervenierten sie aber zugleich mit wissenschaftlicher Kompetenz zielsicher in gesellschaftliche Zusammenhänge; sie betrieben – mit Pierre Bourdieu gesprochen – „scholarship with commitment"[3]. So entwickelte Hans Kelsen seine Demokratietheorie als eine Art Technik zur Konfliktschlichtung durch Kompromissbildung, in der er auch den Minderheiten in der repräsentativen Demokratie eine Stimme gab, und Sigmund Freud entwickelte die Psychoanalyse, um dem Einzelnen und der sozialen Gruppe durch die Aufarbeitung der Vergangenheit Wege zur Selbstbestimmung bewusst zu machen. Beide handelten macht- und herrschaftskritisch.[4]

Diese Form machtkritischen Handelns tritt in der Wissenschaft zum Vorschein, wenn Handlungsspielräume von Wissenschaftlern historisiert werden und die wissenschaftliche Produktion im Kontext anderer Handlungsoptionen rekonstruiert wird. Ähnliches gilt für die Wissenschaftsgeschichte als Relationsagentur.

Durch die Relationierung disziplinär abgegrenzter Bereiche kann Wissenschaftsgeschichte auch den Wahrheitsgehalt einzelner Fachwissenschaften hinterfragen. Der erwähnte Demokratietheoretiker und Staatsrechtslehrer Kelsen relationierte zum Beispiel Ergebnisse der Wissenschaftsphilosophie, der Psychoanalyse und der Staatsrechtslehre, um einen neuen, angemesseneren Staatsbegriff zu finden. Kelsen definierte den Staat nicht mehr als Organismus, der aus einem auf einem bestimmten „Territorium" sesshaften „Volk" bestand, das einer „Herrschaftsgewalt" unterworfen war, sondern völlig abstrakt: Der Staat war für Kelsen nichts anderes als Recht: die Summe der positiven, wandelbaren Verhaltensregeln. In dem so definierten Staat ließ sich auch in einer von gegensätzlichen Interessen zerklüfteten sozialen Welt Einheit erzeugen, und zwar auf unverbindlichere Art und Weise, sodass keine Gruppe das Wertgefüge der anderen verletzte. Zugleich delegitimierte Kelsen damit auch die gefährliche Vorstellung, dass für den Staat die „Artgleichkeit" des Staatsvolkes konstitutiv sei. Kelsen griff dabei auf Ansätze und Theorien von Ernst Mach und auf Sigmund Freud zurück. Mach hatte das Ich und Freud die soziale Gruppe antiessenzialistisch definiert, um damit jedem überzogenen Egoismus und rassistischen Gruppismus von vornherein die Grundlage zu entziehen.[5]

---

[3]　Vgl. Bourdieu, Pierre (2004): Forschen und Handeln, in: derselbe: *Forschen und Handeln. Recherche et Action. Vorträge am Frankreich-Zentrum der Albert-Ludwigs-Universität Freiburg (1989–2000)*, hg. von Joseph Jurt (Freiburg: Rombach), 93–101, hier 100.

[4]　Vgl. Feichtinger, Johannes (2010): *Wissenschaft als reflexives Projekt. Von Bolzano über Freud zu Kelsen: Österreichische Wissenschaftsgeschichte 1848–1938* (Bielefeld: Transcript Verlag).

[5]　Vgl. Feichtinger, Johannes (2016): Intellectual Affinities: Ernst Mach, Sigmund Freud, Hans Kelsen and the Austrian Anti-Essentialist Approach to Science and Scholarship, in: Bryan, Ian / Langford, Peter / McGarry, John (Hg.): *The Foundation of the Juridico-Political. Concept Formation in Hans Kelsen and Max Weber* (New York: Routledge), 117–139.

Dieser kritisch-reflexive und relationale Zugang zur Wissenschaft kann durch Wissenschaftsgeschichte rekonstruiert werden. Sie hat die Möglichkeit, durch Kontextualisierung und Historisierung Handlungsoptionen und Handlungsspielräume der Akteure freizulegen. Der kausale Schluss von den Kontexten auf das wissenschaftliche Handeln und die wissenschaftlichen Produkte im vulgärmarxistischen Sinn bleibt der Wissenschaftsgeschichte jedoch verwehrt. Die Wissenschaftlerinnen und Wissenschaftler der Vergangenheit als bloße Sklaven von historischen Bedingungen zu betrachten, würde ihrer Kreativität nicht gerecht werden.

LOKALISIERUNG

In ihrem Artikel „The Place of Knowledge" entwickelten Adi Ophir und Stephen Shapin 1991 ihr Programm zur Situierung des Wissens.[6] Dabei überrascht es weniger, dass sie wissenschaftliches Handeln als zeit-, orts- und kontextabhängige lokale Praktik definierten und mit Joseph Rouse unter wissenschaftlichem Wissen „local knowledge" verstanden:[7] "The local laboratory turns out to be the place where the empirical character of science is constructed through the experimenter's local, practical know how."[8] Es überrascht vielmehr, dass sie mit der Feststellung der „situatedness of knowledge" ein „successor problem" erkannten und ansprachen:[9] "How is it, if knowledge is indeed local, that certain forms of it appear global in domain of application? Is the global [...] character of, for example, much scientific and mathematical knowledge an illusion?"[10] Hatte die Wissenschaftsgeschichte durch den „local turn" und mit der Zurückweisung des universellen Wissenschaftsbegriffes auch ihren globalen Untersuchungshorizont aus den Augen verloren? Keineswegs! Die zentrale Frage lautete: "If it is the case that some knowledge spreads from one context to many, how is that spread achieved, and what is the cause of its movement?"[11] Ausgehend von Joseph Rouse gaben Ophir und Shapin 1991 darauf folgende Antwort: "The resulting knowledge is extended outside the laboratory not by generalization to universal laws instantiable elsewhere, but by the adaptation of locally situated practices to new local contexts."[12]

WISSENSCHAFTSGLOBAL-GESCHICHTE

Durch die lokale Dezentrierung der Wissensproduktion nach dem „global turn" hat sich die Zahl möglicher Kontexte in der Wissenschaftsgeschichte vervielfacht.[13] Wie das

---

6 Ophir, Adi und Shapin, Stephen (1991): The Place of Knowledge. A Methodological Survey, in: *Science in Context* 4 (1), 3–21, hier 15.

7 Vgl. ebenda.

8 Rouse, Joseph (1987): *Knowledge and Power: Towards a Political Philosophy of Science* (Ithaca, New York: Cornell University Press), 125.

9 Ophir und Shapin: *The Place of Knowledge*, 15.

10 Ebenda, 15 f.

11 Ophir und Shapin: *The Place of Knowledge*, 16.

12 Rouse: *Knowledge and Power*, 125; vgl. Geertz, Clifford (1983): *Local Knowledge: Further Essays in interpretative Anthropology* (New York: Basic Books).

13 Vgl. Darian-Smith, Eve und C. McCarthy, Philip (2017): *The Global Turn: Theories, Research Designs, and Methods for Global Studies* (Oakland: University of California Press); Focus: Global Histories of Science, in: Isis 101 (2010) 1, 95–158, hier insbesondere Sivasundaram, Sujit: Sciences and the Global: On Methods, Questions, and Theory, 146–158; Fan, Fa-ti (2012): The Global Turn in the His-

2016 erschienene „Companion of the History of Science" zeigt,[14] ist die Globalgeschichte zu einem ihrer bestimmenden Zugänge geworden. Sie ist heute eine jener „large-scale narratives", für die James Secord in seiner Halifax-Keynote-Address „Knowledge in Transit" 2004 als neue Zielperspektive in der Wissenschaftsgeschichte in Zeiten der Verunsicherung nach Ende des Kalten Krieges plädierte.[15] Hatte Secord noch das „knowledge-making itself as a form of communicative action" im Auge, so hat sich in den letzten eineinhalb Jahrzehnten die Perspektive erweitert. Zunehmend wird Wissenschaftsglobalgeschichte als relationale Geschichte im weitesten Sinne konzipiert und durch zwei Analyseperspektiven – „Making" und „Moving" – bestimmt. Der neue Ansatz selbst wird unter dem Begriff der „circulation of knowledge" rubriziert. Gezeigt wird, dass das

„Making" und „Moving" von Wissen zwei miteinander verschränkte Prozesse sind, für die eines charakteristisch ist: nämlich, dass neues Wissen durch verschiedene Formen der Interaktion, der direkten Kontaktnahme (encounters), translokal produziert wird – nicht in Laboren, Studierstuben oder im Feld, sondern auf dem Weg des Austausches von Ideen, Praktiken, Fertigkeiten und Objekten. Sie werden kontextgebunden angeeignet, adaptiert und angewendet.[16]

Mit dieser interaktiven Analyseperspektive ist ein neuer Wissenschaftsbegriff verknüpft. Raj, einer der führenden Wissenschaftsglobalhistorikerinnen und -historiker, hat dabei „a very different vision of science" im Auge, in der wissenschaftliches Handeln nicht mehr „in revolutionary leaps based on putative conceptual changes necessarily located in a specific location" begründet ist, sondern durch „wider social, cultural and economic dyna-

mics of societies in interaction".[17] Die Analyse dieser Interaktionsdynamiken erfordert neue historiografische Konzepte und Strategien wie zum Beispiel die „connected history" und die „relational history", die „histoire croisée" oder die Geschichte der Zirkulation. Sie lenken das Augenmerk nicht auf den Kulturvergleich, sondern auf räume-, zeiten- und kulturenübergreifende Interaktionsprozesse[18] und machen begreifbar, was

tory of Science, in: *East Asian Science, Technology and Society* 6, 249–258; Fillafer, Franz L. (2017): A World Connecting? From the Unity of History to Global History, in: *History and Theory* 56, 3–37.

[14] Lightman: *A Companion to the History of Science.*

[15] Secord, James A. (2004): Knowledge in Transit, in: *Isis* 95 (4), 654–672.

[16] Vgl. Raj, Kapil (2013): Beyond Postcolonialism … and Postpositivism. Circulation and the Global History of Science, in: *Isis* 104 (2), 337–347, hier 342.

[17] Raj, Kapil (2017): Thinking Without the Scientific Revolution: Global Interactions and the Construction of Knowledge, in: *Journal of Early Modern History* 21, 445–458, hier 453.

[18] Zur „connected history" vgl. Subrahmanyam, Sanjay (1997): Connected Histories: Notes Towards a Reconfiguration of Early Modern Eurasia, in: *Modern Asian Studies* 31 (3), 735–762; derselbe (2005): *Explorations in Connected History.* 2 Bde. (Oxford, New Delhi: OUP); derselbe (2017): *Europe's India. Words, People, Empires,* 1500–1800 (Cambridge, MA, London: Harvard University Press); zur „histoire croisée" vgl. Werner, Michael und Zimmermann, Benedict (2006): Beyond Comparison: Histoire Croisée and the Challenge of Reflexivity, in: *History and Theory* 45, 30–50; zur Zirkulation des Wissens vgl. Raj, Kapil (2007): *Relocating Modern Science: Circulation and Construction of Knowledge in South Asia and Europe, 1650–1900* (Basingstoke: Palgrave Macmillan); Sarasin, Philipp und Kilcher, Andreas B. (Hg.) (2011): Zirkulationen, in: *Nach Feierabend. Zürcher Jahrbuch für Wissenschaftsgeschichte* 7.

James Delbourgo als „the knowing world" bezeichnet.[19]

Dieser interaktive Zugang hat mehrerlei Neuerungen bewirkt: Erstens werden bislang übersehene Wissensproduzentinnen und Wissensproduzenten sichtbar gemacht, lokale Informanten, Übersetzer und andere Vermittler, die sogenannten „go-betweens".[20] Zweitens wird die Wissensproduktion im Kontext globaler Akteursnetzwerke betrachtet, die unter anderem auch Händler, Diplomaten, Missionare, Wallfahrer und andere Reisende umfassen. Drittens treten neue Schauplätze der Wissensproduktion in den Vordergrund: internationale Handelsplätze und andere, auch heilige Treffpunkte, „trading zones",[21] an denen sich Interaktionen und Relationen zwischen unterschiedlichen Wissensformen verdichten und neue, hybride Produkte hervorbringen. Harald Fischer-Tiné spricht von einem „pidgin knowledge".[22] Viertens verortet dieser Zugang die „Topografien des Wissens" polyzentrisch. Die statische Bipolarität von Zentrum und Peripherie wird aufgelöst, Wissenstopografien werden dynamisch konzipiert: Metropolen entstehen durch die Verdichtung der Akteursnetzwerke (wie zum Beispiel im Imperialismus) oder sie verschwinden durch Blockaden des zirkulierenden Wissens, durch Katastrophen, Krieg, Flucht und Vertreibung. Solche Ver- und Entflechtungsprozesse sind Teil einer globalen Geopolitik der Wissenschaft, die zu analysieren ist.

Die neue Wissenschaftsglobalgeschichte historisiert die älteren Formen der Universalgeschichte: (1) den Zivilisationsvergleich im Sinne Joseph Needhams, (2) das asymmetrische Modernisierungskonzept des „Spread of Western Science" im Sinne George Basallas und (3) die Geschichte der Repräsentation der anderen in den Philologien und der Literaturwissenschaft im Sinne des Orientalismus von Edward Said.[23] Sie alle verstellten den Blick auf Interaktionen und dynamische Reziprozitäten, da sie eine Divergenz zwischen Ost und West, Nord und Süd konstruierten – entweder um die Hegemonie der europäischen Wissenschaft zu rechtfertigen oder um sie kritisch zu delegitimieren.

Der Forschungszugang der Zirkulation wurde bislang vor allem an

---

[19] Delbourgo, James (2019): The Knowing World: A New Global History of Science, in: History of Science 57 (3), 373–399.

[20] Vgl. Schaffer, Simon / Roberts, Lissa / Raj, Kapil / Delbourgo, James (Hg.) (2009): The Brokered World. Go-Betweens and Global Intelligence, 1770–1820 (Sagamore Beach: Watson Publishing International); Raj, Kapil: Go-Betweens, Travelers and Cultural Translators, in: Lightman, A Companion to the History of Science, 39–57.

[21] Galison, Peter (1997): Image and Logic. A Material Culture of Microphysics (Chicago).

[22] Fischer-Tiné, Harald (2013): Pidgin Knowledge. Wissen und Kolonialismus (Zürich, Berlin: diaphanes).

[23] Vgl. Said, Edward W. (2009): Orientalismus (Frankfurt am Main: S. Fischer); kritisch und auf die neuen Analyseperspektiven abhebend: Feichtinger, Johannes (2018): Nach Said. Der k. u. k. Orientalismus, seine Akteure, Praktiken und Diskurse, in: Ruthner, Clemens und Scheer, Tamara (Hg.): Bosnien-Herzegowina und Österreich-Ungarn: Annäherungen an eine Kolonie (Kultur – Herrschaft – Differenz 24) (Tübingen: Francke), 315–333; derselbe: Komplexer k. u. k. Orientalismus. Akteure, Institutionen, Diskurse im 19. und 20. Jahrhundert in Österreich, in: Born, Robert und Lemmen, Sarah (Hg.) (2014): Orientalismen in Mitteleuropa. Diskurse, Akteure und Disziplinen vom 19. Jahrhundert bis zum Zweiten Weltkrieg (Bielefeld: Transcript Verlag), 31–63; derselbe und Heiss, Johann (2013): Distant Neighbors: Uses of Orientalism in the Late Nineteenth-Century Austro-Hungarian Empire, in: Hodkinson, James / Walker, John with Mazumdar, Shaswati / Feichtinger, Johannes (Hg.): Deploying Orientalism in Culture and History. From Germany to Central and Eastern Europe (Rochester, New York: Camden House), 148–165.

globalen Verflechtungsgeschichten in der Frühen Neuzeit erprobt. Das besondere Augenmerk wurde auf individuelle Akteure und die Wissenszirkulation zwischen Indien, China und Europa bis in die Zeit des 19. Jahrhunderts gelegt.[24] Davon ausgehend ergeben sich zwei Herausforderungen für künftige Forschungen: zum einen die Anwendung und Überprüfung des Zirkulationskonzepts am empirischen Gegenstand für das 19. und 20. Jahrhundert, als sich die Wissensproduktion zunehmend auf Großforschungseinrichtungen verlagerte und im industriell-militärischen Zusammenhang neue Wissenschaften wie Physik und Chemie leitend wurden; zum anderen die Überprüfung und Adaptierung des Konzeptes für neue Räume innerhalb Europas und darüber hinaus, insbesondere für Zentral- und Ostmitteleuropa, das noch einen weißen

Fleck auf der Landkarte der wissenschaftsgeschichtlichen Interaktionsforschung darstellt.[25]

WIEN ALS „TRADING ZONE" DES WISSENS

Das heutige Akademieviertel in der Wiener Innenstadt war jahrhundertelang eine jener kosmopolitischen „trading zones", in denen verschiedene Wissensformen europäischer und außereuropäischer Provenienz zirkulierten.[26] Dieser halbe Quadratkilometer zwischen Dominikanerkloster im Osten, Fleischmarkt im Norden, Lugeck im Westen und der Wollzeile im Süden war seit dem späten Mittelalter Zentrum der Wissensproduktion (mit Universität, „Akademischer Bibliothek", k. k. Orientalischer Akademie, ab 1857 Kaiserlicher Akademie der Wissenschaften und den großen k. k. Wissenschaftsvereinen) und Kreuzungspunkt des überregionalen Handels, Sitz der Handwerker und Kaufleute, von Schulen, Kirchen und international agierenden Orden[27] sowie der

---

24 Vgl. Sen, Tansen (2017): The Circulations of Knowledge, in: derselbe: *India, China, and the World. A Connected History* (New York, London: Rowman & Littlefield Publishers), 29–110; Lightman, Bernard / McOuat, Gordon / Larry Stewart (Hg.) (2013): *The Circulation of Knowledge between Britain, India and China* (History of Science and Medicine Library: Knowledge Infrastructure and Knowledge Economy 3) (Leiden, Boston: Brill).

25 Wichtige Akzente setzten jüngst zum Beispiel Feichtinger, Johannes / Bhatti, Anil / Hülmbauer, Cornelia (Hg.) (2020): How to Write the Global History of Knowledge-Making. Interaction, Circulation and the Transgression of Cultural Difference (Studies in the History and Philosophie of Science 53) (Cham: Springer); Kreuder-Sonnen, Katharina (2018): *Wie man Mikroben auf Reisen schickt. Zirkulierendes bakteriologisches Wissen und die polnische Medizin 1885–1939* (Historische Wissensforschung 9) (Tübingen: Mohr Siebeck); Surman, Jan (2015): The Circulation of Scientific Knowledge in the Late Habsburg Monarchy: Multicultural Perspectives on Imperial Scholarship, in: *Austrian History Yearbook* 46, 162–182; Feichtinger, Johannes und Fillafer, Franz L. (2018): Introduction: Particularizing Positivism, in: dieselben und Surman, Jan (Hg.): *The Worlds of Positivism. A Global Intellectual History, 1770–1930* (New York: Palgrave), 1–28, sowie der von denselben anlässlich ihrer Konferenz „Habsburg Knowledge in its Gobal Setting" 2019 erschienene Blog-Beitrag „How to Rethink the Global History of Knowledge Making from a Central European Perspective" – https://historyofknowledge.net/2019/10/09/global-history-of-knowledge-making-from-central-european-perspective/ (letzter Zugriff: 10.8.2020).

26 Vgl. zum Beispiel Subrahmanyam, Sanjay (2018): The Hidden Face of Surat: Reflections on a Cosmopolitan Indian Ocean Centre, 1540–1750, in: *Journal of the Economic and Social History of the Orient* 61 (1–2), 205–255.

27 Hier befinden sich die griechisch-orthodoxe, griechisch-orientalische, griechisch-unierte Kirche und etwas weiter entfernt das Judenviertel mit Synagoge und Schule; weiters das

Abb. 1: (ca. 1769) Der Astronom und Jesuit Maximilian Hell (1720–1792) im Kostüm der Samen bei der Beobachtung des Venusdurchgangs durch die Mitternachtssonne auf der norwegischen Insel Vardø (nördliches Norwegen). Hell, der aus der oberungarischen Bergbaustadt Schemnitz/Banská Štiavnica stammte, nützte seine Reise auch für das Studium der samischen Sprache und formulierte seine revolutionäre und politisch brisante Hypothese über die finno-ugrische Sprachverwandtschaft. So verkörperte Hell, ab 1755 der erste Direktor des neu errichteten Observatoriums in Wien (heute Österreichische Akademie der Wissenschaften / Jesuitentrakt), die Interlokalität der Wissensproduktion, die Zirkulation von Wissensbeständen und die Verflochtenheit der Erkenntnis von Natur- und Kultur.

„Wiener Zeitung". Die Topografie des Akademieviertels ist bestimmt von einer architektonischen Vielfalt, die heute noch sichtbar Zeugnis ablegt von der europäischen Ausrichtung dieses Stadtviertels. In einer Beschreibung Wiens von 1807 heißt es: „Ueberhaupt werden wenig Städte in Europa besonders in ganz Deutschland, gefunden, wo so vielerley Nationen und Religionspartheyen beysammen leben als in Wien."[28] In diesem halben Quadratkilometer Wiens wurde im buchstäblichen Sinne Wissenschaftsgeschichte geschrieben.

In einem neuen Forschungsprojekt soll gezeigt werden, wie (1) zwischen hier ansässigen Gelehrten und Forschern, Reisenden und Informanten im Kontext von Handelsbeziehungen, Diplomatie und der globalen Aktivitäten der hier ansässigen geistlichen Orden (wie der Jesuiten) neues Wissen koproduziert wurde und

---

später aufgehobene Dominikanerinnen- und das Dominikanerkloster mit Kirche, Jesuitenkirche und -konvikt, der Stadthof der Zisterzienser von Heiligenkreuz und der ehemalige Lilienfelderhof.

[28] Vgl. grundlegend Csáky, Moritz (2001): Altes Universitätsviertel: Erinnerungsraum, Gedächtnisort, in: derselbe und Stachel, Peter (Hg.): *Die Verortung von Gedächtnis* (Wien: Passagen Verlag), 257–277.

(2) wie sich Wien durch diese Relationsgeschichte zu einer Metropole der Wissensproduktion entwickeln konnte. Von dieser Entwicklung legen folgende Ereignisse Zeugnis ab: Seit dem Mittelalter Tummelplatz von internationalen Scholaren, lieferte hier im 15. Jahrhundert der am italienischen Humanismus geschulte Astronom Georg Peuerbach Grundlegungen des kopernikanischen Systems.

Der Humanist Konrad Celtis begründete die wissenschaftliche Vereinigung Danubia, die in Wien Gelehrte aus Österreich, Ungarn, Böhmen und den deutschen Ländern zusammenführte.[29] Der niederländische Botaniker Carolus Clusius wurde im Akademieviertel sesshaft, nachdem er ein in Goa erschienenes Buch über Pflanzen übersetzt und in Europa bekannt gemacht hatte. Von hier aus erkundete er die Flora der Alpen und Pannoniens. Der Wiener Jesuit Joseph Franz veröffentlichte als Astronom in den „Philosophical Transactions" der Royal Society, reiste aber auch nach Konstantinopel, lernte Osmanisch und wurde Gründungsdirektor der Orientalischen Akademie. Zur selben Zeit verbreitete der Ragusaner Jesuit und Mathematiker Ruđer Bošković von Wien aus Newtons Gravitationstheorie, und er verfasste seine berühmte „Theorie der Naturphilosophie" (1758), die – wie es auf einer Gedenktafel am Jesuitenkonvent in Wien heißt – Faraday zur Feldtheorie inspirierte.[30] Der Niederländer Gerhard Van Swieten reformierte die Universität, die nach 1773 verstaatlicht wurde, und er legte den Grundstein für den „educational turn" in Österreich, der nunmehr zweckmäßige Bildung und Wissenschaft – Experimentalphilosophie, Mathematik, Rhetorik, Geschichte und die politischen Wissenschaften – vorsah.[31]

Im 19. Jahrhundert machte die kaiserliche Akademie der Wissenschaften, die ab 1857 ihren Sitz hier hatte, Kolonialerfahrung: Der Botaniker Karl Hügel, Gründungsmitglied der Akademie, legte der Akademie seine Berichte über seine Reise nach Kaschmir und über das Kabulbecken vor und bekam für die Karte, die er von Kaschmir entworfen hatte, die höchste Auszeichnung der Royal Geographical Society; die Karte, die Hügel abgefasst hatte, erlaubte es der East India Company, sich 1847 Ranjit Singhs Königreich der Sikhs einzuverleiben.[32] Der Geologe Josef Russegger explorierte für den

---

[29] Vgl. Hamann, Günther / Mühlberger, Kurt / Skacel, Franz (Hg.) (1985): *Das Alte Universitätsviertel in Wien, 1385–1985* (Schriftenreihe des Universitätsarchivs 2) (Wien: Universitätsverlag); Rüdiger, Julia und Schweizer, Dieter (Hg.) (2015): *Stätten des Wissens. Die Universität Wien entlang ihrer Bauten, 1365–2015* (Wien, Köln, Weimar: Böhlau Verlag).

[30] Vgl. Grössing, Helmuth und Ullmaier, Hans (Hg.) (2009): *Ruđer Bošković (Boscovich) und sein Modell der Materie. Zur 250. Wiederkehr des Jahres der Erstveröffentlichung der Philosophiae Naturalis Theoria, Wien 1758.* Bericht des internationalen Symposions in Wien im Oktober 2008 (Wien: Verlag der ÖAW).

[31] Vgl. Lhotsky, Alphons (1972): Das Ende des Josephinismus. Epilegomena zu Hans Lentzes Werk über die Reformen des Minis-

ters Grafen Thun, in: derselbe: *Aufsätze und Vorträge*, Bd. 3 (Wien: Verlag für Geschichte und Politik), 258–296; derselbe (1964): Ein Bericht über die Universität Göttingen für den Staatskanzler Fürsten Kaunitz-Rietberg 1772, in: Classen, Peter und Scheibert, Peter (Hg.): *Festschrift Percy Ernst Schramm*, Bd. 2 (Wiesbaden: Steiner), 75–82.

[32] Vgl. unter anderem Feichtinger, Johannes und Heiss, Johann (2020): Interactive Knowledge-Making: How and Why Nineteenth-Century Austrian Scientific Travelers in Asia and Africa Overcame Cultural Differences, in: Feichtinger / Bhatti / Hülmbauer (Hg.) (2020): How to Write the Global History of Knowledge-Making; Klemun, Marianne und Spring, Ulrike (Hg.) (2016): *Scientific Expeditions as Experiments* (London, New York, Melbourne: Palgrave Macmillan).

Herrscher von Ägypten, Mehmet Ali, die Goldvorkommen im Inneren Afrikas, und er entdeckte im Auftrag des Wiener Physikers Andreas Baumgartner, dass die Naturgesetze der Physik auch in Afrika Gültigkeit besitzen.[33] 1857 entsandte die Akademie mit Ferdinand Hochstetter einen Geologen mit der Fregatte Novara (1857–1859), er erkundete im Auftrag der englischen Kolonialverwaltung die Bodenschätze Neuseelands und machte am 12. November 1868 in den Sitzungsberichten der kaiserlichen Akademie der Wissenschaften die erste Mitteilung über eine „Erdbebenfluth", einen Tsunami. Von den Expeditionen wurden zahllose (heute auch als sensibel bezeichnete) Objekte mitgebracht, die noch immer zum Grundstock der musealen Sammlungen Wiens gehören.

Im 20. Jahrhundert wurden diese globalen Akteursnetzwerke durch die beiden Weltkriege und den Nationalsozialismus blockiert. Hatte die kaiserliche Akademie der Wissenschaften 1899 noch die Internationale Assoziation der Akademien mitbegründet,[34] so fand sich Österreich ab 1918 mit Deutschland durch eine bewusste Entflechtung der davor zunehmend verdichteten Forschungsnetzwerke in isolierter Stellung wieder.[35] Erst in der Zeit des Kalten Krieges verdichteten sich wieder die Akteursnetzwerke zwischen dem neutralen Österreich, Ost und West.

Ab 1965 initiierte die Österreichische Akademie der Wissenschaften staatliche Austauschabkommen zwischen den sozialistischen Volksrepubliken und dem neutralen Österreich, die Tausenden Forscherinnen und Forschern die Möglichkeit boten, über den Eisernen Vorhang hinweg zu interagieren.[36]

SCHLUSSBEMERKUNG

Zum Auftakt des 7. internationalen Orientalisten-Kongresses, der 1886 in Wien stattfand, nahm der österreichische Diplomat und Orientalist Alfred Freiherr von Kremer, der größte Islamwissenschaftler seiner Zeit, seine Keynote-Lecture zum Anlass, den Fachkollegen aus den imperialistischen Staaten die Leviten zu

---

[33] Vgl. Feichtinger und Heiss: *Interactive Knowledge-Making.*

[34] Vgl. Schroeder-Gudehus, Brigitte: Die Akademie auf internationalem Parkett. Die Programmatik der internationalen Zusammenarbeit wissenschaftlicher Akademien und ihr Scheitern im Ersten Weltkrieg, in: Kocka, Jürgen (Hg.) unter Mitarbeit von Hohlfeld, Rainer und Walther, Peter Th. (1999): *Die Königlich Preußische Akademie der Wissenschaften zu Berlin im Kaiserreich* (Berlin: De Gruyter), 175–195; Gierl, Martin (2004): *Geschichte und Organisation. Internationalisierung als Kommunikationsprozess am Beispiel der Wissenschaftsakademien um 1900* (Abhandlungen der Akademie der Wissenschaften zu Göttingen. Phil.-hist. Klasse 3, 233) (Göttingen: V&R), 472–487.

[35] Vgl. Feichtinger, Johannes (2019): Der „edle geistige Militarismus". Die Kaiserliche Akademie der Wissenschaften in Wien im Ersten Weltkrieg, in: Debru, Claude (Hg.): *Akademien im Kriege. Académies en Guerre. Academies in War* (Acta Historica Leopoldina 75) (Stuttgart: WVG), 37–52; derselbe (2018): Österreichische Akademie der Wissenschaften, in: Berg, Matthias und Thiel, Jens (Hg.): *Europäische Wissenschaftsakademien im „Krieg der Geister". Reden und Dokumente 1914 bis 1920* (Acta Historica Leopoldina 72) (Stuttgart: WVG), 51–66.

[36] Vgl. Feichtinger, Johannes und Uhl, Heidemarie (2018): Zwischen Gelehrtengesellschaft und Forschungsakademie. Die Österreichische Akademie der Wissenschaften 1945–1965, in: dieselben (Hg.): *Die Akademien der Wissenschaften in Zentraleuropa im Kalten Krieg. Transformationsprozesse im Spannungsfeld von Abgrenzung und Annäherung* (Österreichische Akademie der Wissenschaften. Sitzungsberichte der phil.-hist. Klasse, 890. Bd.) (Wien: Verlag der ÖAW), 231–262.

lesen: Ausgehend von „Thatsachen, […] die ebensowenig bekannt als bezeichnend sind für die Bedeutung von Wien und Oesterreich und Ungarn als Vermittler zwischen dem Morgenlande und Europa", verwies er auf die lange Geschichte der Zirkulation des Wissens zwischen Europa und dem Orient. Kremer erkannte in ihr eine wichtige Grundlage von „Civilisation". Sie ist, so Kremer, „das Ergebniß des friedlichen Austausches der Ideen, der geistigen und auch der materiellen Güter".[37] Den Fachvertretern der imperialistischen Staaten warf er vor, dass sie unter dem Vorzeichen einer – mit Bourdieu gesprochen – heteronomen Wissenschaftspraxis das Studium dieses Austausches der Ideen, Objekte und Praktiken vernachlässigt hätten. Später war die Nationalgeschichtsschreibung für die Beziehungs- und Verflechtungsgeschichte weitgehend blind. Der Zirkulationsansatz weitet heute die Perspektive: Er begreift Wissensproduktion als ein Geschäft auf Gegenseitigkeit, das sich jeder zentristischen Geschichtsbetrachtung entzieht, sei sie auf die einzelne Nation, auf Europa, den Westen oder den Osten bezogen. Wissenschaftsgeschichte besitzt als Teilbereich der allgemeinen Geschichtswissenschaft die Möglichkeit, den Gegenstand historischen Forschens durch verstärkte Berücksichtigung der relationalen Handlungsperspektive zu erneuern.

---

[37] Anonymus: Siebenter internationaler Orientalisten=Congreß, in: *Wiener Abendpost*, 27. September 1886, 1–4.

WISSENSCHAFTS-GESCHICHTLICHE ASPEKTE DES RECHTSDENKENS IN THESEN[1]

HASSO HOFMANN

Hasso Hofmann ist em. Professor für Öffentliches Recht, Rechts- und Staatsphilosophie an der Berliner Humboldt-Universität, deren Vizepräsident er von 1992–1994 war. Er ist Ehrendoktor der Universitäten Frankfurt am Main und Athen.

Kern der kontinentaleuropäischen und namentlich der deutschen Jurisprudenz ist das, was man dogmatische Rechtswissenschaft nennt. Der Sache nach entspringt sie dem Bestreben, die juristische Kasuistik mit einem Überbau aus Begriffsklärungen, der Herausarbeitung von Grundsätzen und der Systematisierung des Rechtsstoffs als einer Art Meta-Recht zu überwinden, das die An-

wendung des gesetzten Rechts erleichtert, stabilisiert, vereinheitlicht und lehrbar macht. „Mutter" ist die „römische Rechtsbildung" (Lorenz von Stein) *des Corpus Iuris Civilis Justinians.*

Seit Leibniz die Tätigkeit von Juristen mit der von Theologen verglichen hat, war man sich sicher, dass der juristische Begriff des Dogmas im Sinne eines wissenschaftlich anerkannten Lehrsatzes aus der Theologie übernommen wurde. Indes hat die neuere Forschung ergeben, dass er aus einer mit den sogenannten Empiristen

---

[1]   Bei diesem Text handelt es sich um die Zusammenfassung der ersten fünf Teile eines Aufsatzes, erschienen in der *„JuristenZeitung JZ"* 74 (2019), 265–275.

streitenden antiken Schule der Medizin stammt. Wie dem auch sei: Die Juristen müssen mit und an solchen Dogmen arbeiten, um damit über der Fülle disparater Vorschriften, unzusammenhängender Gerichtsurteile, wechselnder Fallkonstellationen und divergierender Rechtsmeinungen so etwas wie ein System zu errichten. Es geht um die Erleichterung der Rechtsanwendung durch Entlastung von allen möglichen normativen Vorfragen, um ihre Vereinheitlichung und Verstetigung und damit um die Stabilität der Rechtsordnung bei gleichzeitiger Wahrung ihrer Flexibilität durch die Möglichkeit kritischer Differenzierung und einer durch das System moderierten argumentativen Entwicklung. So wird Rechtsdogmatik geradezu zur „Chiffre für einen professionellen Umgang mit dem Recht" (O. Lepsius).

Erste Ansätze der „Absonderung eines Bestandes an Begriffen und Maximen, Prinzipien und Entscheidungsregeln" zeigen sich „im römischen Zivilrecht" und „(ermöglichen) damit eine rechtseigene Evolution" (N. Luhmann). Den großen, das lateinische Abendland beherrschenden und die kontinentaleuropäische Kultur nachhaltig prägenden Aufschwung der Rechtswissenschaft brachten allerdings erst die päpstliche Revolution des 11. und 12. Jahrhunderts, das heißt die durch das Recht bewirkte Emanzipation der Kirche von der politischen Gewalt des Kaisers, und die Wiedergeburt der römischen Jurisprudenz in den Rechtsschulen der oberitalienischen Städte. Sie hatten in den überlieferten Texten des römischen Privatrechts ihre eigenen „heiligen" Schriften. Die Juristen bearbeiteten sie mit der neuen intellektuellen Technik der scholastischen Methode des *sic et non* oder der *concordantia*. Das war ja ein in der Theologie bewährtes Mittel, unklare Begriffe zu klären und gegensätzliche Meinungen durch Abwägung des Für und Widers in das System – genannt *summa* – zu integrieren.

Die Hauptbedeutung des langwierigen und komplizierten Vorgangs der Rezeption des römischen Rechts in Kontinentaleuropa wird danach weniger in der Übernahme von Inhalten des römischen Rechts als in der Verwissenschaftlichung des Rechtswesens gesehen. Seinen Höhepunkt erreichte der Entwicklungsprozess um die Mitte des 14. Jahrhunderts mit den Kommentaren des höchst angesehenen Bartolus de Saxoferrato, der in Pisa und dann in Perugia Zivilrecht lehrte. Seit dem 15. Jahrhundert galten seine Schriften als Standardwerke, auf die zurückzugreifen war, wenn sich im positiven Recht keine Lösung fand. Daher rührt der alte Ausdruck für eine Zurechtweisung: „Jemandem zeigen, wo der Bartel den Most holt", will sagen: wo Bartolus den maßgeblichen *mos italicus* schöpft.

Das neuzeitliche Privatrecht Kontinentaleuropas steht im Zeichen der rechtsschöpferischen Kraft der Rechtsdogmatik.

Schon die gelehrten Juristen des 17. Jahrhunderts haben aus dem Gerichtsgebrauch des „gemeinen" – das heißt allgemeinen – Rechts nach dem *usus modernus,* der römisches und deutsches Recht mischte, mit ihrer Rechtsdogmatik ein selbstständiges Juristenrecht geschaffen. In den großen Kodifikationen des aufgeklärten Absolutismus triumphierte seit dem ausgehenden 18. Jahrhundert das vernunftrechtliche System Samuel Pufendorfs. Enorm gesteigert wurde die Bedeutung der Rechtswissenschaft in der Konsequenz jener umfassenden Gesetzbücher durch das sogenannte Rechtsverweigerungsverbot, wie es prototypisch bei der Einführung des *Code civil* statuiert wurde. Danach muss der Richter jeden in verfahrensrechtlich zulässiger Weise vor ihn gebrachten Streitfall selbst bei Unzulänglichkeit des positiven Rechts mit einer *rechtlichen* Begründung entscheiden. Er darf die Entscheidung weder auf die Politik abschieben noch sie mit der Begründung fehlender oder unzureichender gesetzlicher Regelung verweigern oder ein Urteil einfach nach billigem Ermessen fällen.

Das zivilrechtliche Rechtsverweigerungsverbot war eine Konsequenz des Erfolges, den kritische Richter und Reformer gegen die absolutistische Praxis der Kabinettsjustiz und der Verfahrenseingriffe durch die sogenannten Machtsprüche der Souveräne für die Unabhängigkeit der Justiz erzielt hatten. Nun waren die Juristen zu produktiver Arbeit am Rechtsstoff befreit und gezwungen. In Fällen, „die sich aus dem positiven Recht nicht entscheiden lassen", ist der Richter nach den Worten Franz von Zeillers, Schöpfer des österreichischen Allgemeinen Bürgerlichen Gesetzbuches von 1811, „zum Denken genöthiget" und angehalten, auf allgemeine Rechtsprinzipien und auf das Natur- und Vernunftrecht zurückzugehen.

Verstiegener Höhepunkt der Entwicklung ist die „Begriffsjurisprudenz". Deren Hauptvertreter, Rudolf von Jhering, schrieb 1857: „Eine Jurisprudenz, die seit Jahrtausenden arbeitet, hat die Grundformen oder Grundtypen der Rechtswelt entdeckt …; eine gereifte Jurisprudenz läßt sich nicht mehr durch die Geschichte in Verlegenheit bringen." Er glaubte, jedwede Erscheinung des Rechtslebens unter einen der längst erarbeiteten Rechtsbegriffe bringen, damit in ein System einordnen und daraus die richtige Lösung für jeden Konflikt deduzieren zu können. Das positivistisch gestimmte Jahrhundert sah in der vom humanistischen Glauben an die Vorbildlichkeit der Antike getragenen Dogmatik der Digesten gewissermaßen eine den aufblühenden Naturwissenschaften ebenbürtige Form positiver Wissenschaft. Ihren äußeren Grund hatte diese Blüte der Pandektenwissenschaft in der deutschen Kleinstaaterei, die ihr gemeinsames Recht allein in diesem Wissenschaftspositivismus fand.

Das Problem des Richterrechts ist uns als ein Erbe des dogmatischen Wissenschaftspositivismus geblieben. Diskutiert wird es nun schon seit weit über 100 Jahren. Dass es in modernen, hochkomplexen Rechtsordnungen so etwas wie ein Richterrecht geben muss, kann ernstlich nicht mehr bestritten werden.

Die Frage ist nur, wie man dieses Faktum mit den rechtsstaatlichen Grundsätzen unserer Gerichtsverfassung und unseres Gerichtsverfahrens (Stichwort: Verbindlichkeit der Präjudizien?) und mit der demokratischen Kompetenzverteilung unserer Verfassung (Stichwort: Legitimierung der Gerichtsurteile nur durch das demokratische Gesetz?) in Einklang bringt. Beim verfassungsgerichtlichen Richterrecht gibt es die angedeuteten Probleme freilich nicht.

Wissenschaftsgeschichtlich zeigt sich in diesem Vorgang der Herausbildung eines Eigengewichts der Justiz gegenüber dem Monopol des Politischen ein weiteres Moment des Prozesses der Rationalisierung der okzidentalen Welt durch die Emanzipation des Rechts von der Politik. Gekrönt wird diese Entwicklung der Autonomisierung, der Selbstbestimmung des Rechts durch die Herausbildung des modernen Verfassungsbegriffes als des normativ umfassenden *quo maius nihil cogitari potest* des Rechtsdenkens. Er ist gegründet auf den Mythos der verfassunggebenden Gewalt des Volkes, der den Übersprung von der Faktizität zur Normativität verschleiert.

Rechtsphilosophie ist das Erbe der freien Bürgergesellschaft der klassischen Polis Athen mit ihren einfachen Gesetzen samt ihrem Volksgericht und ohne Juristen und rechtswissenschaftliche Bearbeitung des Rechtsstoffes. Theoretisch behandelten das Recht – eher am Rande – die Philosophen. Gleichwohl hatten sie mit ihrem systematischen Streben Einfluss auf die römischen Juristen. Als Philosophie der Gerechtigkeit ist die Rechtsphilosophie nicht an eine bestimmte Rechtsordnung gebunden. Die unter wechselnden Bedingungen ständig sich wiederholende Frage nach dem Rechten macht die Geschichte der Rechtsphilosophie zu einem integralen Bestandteil des Faches und zu einem kritischen Kontrapunkt der Rechtswissenschaft. Als solcher ist sie primär Sache der Juristinnen und Juristen.

Älter als die Rechtswissenschaft ist die Rechtsphilosophie. Sie ist griechischen, nicht römischen Ursprungs. Die römischen Juristen waren Kasuisten, sie dachten fallbezogen. Es ging den großen Juristen allemal darum, den konkreten Rechtsfall gerecht im Sinn ihrer *ars boni et aequi,* das heißt gemäß ihrer Handwerkskunst des Guten und Angemessenen, zu lösen. Doch verlangte der Rechtsunterricht eine gewisse Systematisierung. Allgemeine

Sentenzen borgten sich die Juristen von rezipierten griechischen Philosophen. Griechische Juristen konnten sie nicht zitieren, denn die gab es im antiken Griechenland nicht. Natürlich brachte das rege Geschäftsleben der Griechen eine Vielzahl von Geschäftsformularen und Vertragsurkunden hervor, die als Muster auch für die römische Kautelarjurisprudenz dienen konnten. Zudem gab es berufsmäßige forensische Fürsprecher, ebenso Verfasser von Gerichtsreden. Aber *theoretisch* haben sich dort mit dem Recht nur Philosophen beschäftigt – und auch das eher nebenbei und mit einer gänzlich anderen Intention als die römischen Juristen. Den Philosophen ging es nicht um die Lösung von Streitfällen, sondern um die Ertüchtigung der freien Bürger für das gute politische Leben. Und dazu gehörte die Schulung in Fragen der Gerechtigkeit. Dementsprechend erscheint die prototypische Lehre der Gerechtigkeit des Aristoteles als fünfter Teil seiner Nikomachischen *Ethik.*

Erobert hat die Gerechtigkeitsphilosophie des Aristoteles das Abendland mit der Übersetzung ins Lateinische Mitte des 13. Jahrhunderts und mit deren folgenreicher Rezeption bei Thomas von Aquin. Sie sicherte

der aristotelischen Lehre dauerhafte Aktualität – durch eine zweifache Verkürzung. Für Aristoteles war das Erste und Wichtigste die allgemeine Gesetzesgerechtigkeit. Damit ist die Haltung des Gehorsams gegenüber dem Nomos der Polis, das heißt gegenüber der auf dem traditionellen Gemeinsinn beruhenden Ordnung, gemeint. Thomas diskutiert den grundlegenden Begriff der allgemeinen Gerechtigkeit zwar, behandelt als „Teile der Gerechtigkeit" dann aber – getrennt davon – allein ihre Sonderformen, die Aristoteles in einer etwas komplizierten Weise auf die Zuteilung äußerer Güter bezieht, nämlich der Gemeinschaftsgüter einerseits und der Ausgleichsgüter bei Vertrag und Delikt andererseits. In der Tat lässt Aristoteles jene *iustitia universalis* bei der Behandlung der genannten Sonderformen (wohl weil bei ihnen das subjektive Tugendelement fehlt) ausdrücklich beiseite. In der Folge stellt Thomas sie in vereinfachter Form und schlechthin systembildender Funktion als austeilende und ausgleichende Gerechtigkeit *(justitia distributiva* vs. *commutativa)* einander gegenüber, obwohl sich eine solche fundamentale Opposition in dieser Form bei Aristoteles nicht findet und nur als summarische Wiedergabe seiner Lehre gelten kann. Entsprechend einfach ist dann die korrespondierende Gegenüberstellung der am Gleichheitsprinzip orientierten proportionalen Gleichheit bei der austeilenden und der arithmetischen Gleichheit bei der ausgleichenden Gerechtigkeit.

Mit dieser Verkürzung der aristotelischen Gerechtigkeitslehre sind nun nicht nur einfache Kriterien zur Unterscheidung von Recht und Unrecht im Allgemeinen zur Hand, sondern auch Maßstäbe für die Beurteilung des gesetzten Rechts selbst als gerecht. Kant hat die nomologische Differenz zwischen dem, was *Recht*, und dem, was *recht* ist, in der Einleitung seiner Rechtslehre ein für alle Mal festgehalten: „Was Rechtens sei … , d.i. was die Gesetze an einem gewissen Ort und zu einer gewissen Zeit sagen oder gesagt haben, kann er (sc. der in diesem Sinne *empirisch* arbeitende Jurist) noch wohl angeben; aber ob das, was sie wollten, auch recht sei, und das allgemeine Kriterium, woran man überhaupt Recht sowohl als Unrecht … erkennen könne, bleibt ihm wohl verborgen, wenn er nicht eine Zeitlang jene empirischen Prinzipien verläßt, die Quellen jener Urteile in der reinen Vernunft sucht …" Damit ist die lange Geschichte der Versuche, die Gerechtigkeit als begriffliches Definitionsmerkmal von Recht zu fixieren, philosophisch erledigt.

Rechtstheorie ist die Frucht einer wissenschaftstheoretischen Selbstreflexion der Jurisprudenz im Kontext von Wissenschaftspositivismus, analytischer Philosophie und den empirischen Sozialwissenschaften. Sie will das Recht begrifflich frei von Politik, Moral und Metaphysik erfassen. Maßgeblich ist für sie daher nicht der moralisch wertende konträre Gegensatz von Recht und Unrecht aus der internen Entscheidungsperspektive, sondern die analytisch-deskriptive kontradiktorische Unterscheidung von Recht und Nicht-Recht aus der externen Beobachtungsperspektive.

„Die Rechtsphilosophie ist tot. Es lebe die Rechtstheorie!" Auf diese Formel brachte Ralf Dreier den Geist der bundesrepublikanischen „Reformzeit" der Jahre nach 1966 in seiner Antrittsvorlesung von 1974 auf dem eigens für das Fach „Allgemeine Rechtstheorie" errichteten Göttinger Lehrstuhl. Nach zwei Jahrzehnten der Dominanz restaurativer Tendenzen standen die Zeichen der Zeit auf Kritik, Liberalisierung, Modernisierung und Zukunftsplanung. Herausragende Projekte waren zum Beispiel die große Rentenreform, die volkswirtschaftliche Globalsteuerung durch das Stabilitätsgesetz, die Ehe- und Familienrechtsreform, die Entrümpelung des Sexualstrafrechts und die Gebietsreform. Illusionen über die wissenschaftlich gestützte Planbarkeit gesellschaftlicher Entwicklungen steigerten sich zu einer wahren Planungseuphorie. Da allenthalben Planungsgesetze erlassen wurden, entstand innerhalb weniger Jahre ein ganz neues Rechtsgebiet: das Planungsrecht. Hier dominierten Zielvorgaben, Folgenabschätzungen und Listen von Abwägungsgesichtspunkten. Gesetzliche Finalprogramme verdrängten die klassischen rechtsstaatlichen Konditionalprogramme. Damit veränderte sich der Blick auf das Recht. Sehr früh schon hat Niklas Luhmann darauf hingewiesen, dass die rechtspraktische und rechtstheoretische Schwerpunktverlagerung von der Normverletzung auf die Prognose der Entscheidungsfolgen die Relevanz der Sozialwissenschaften auf Kosten der juristischen Dogmatik steigerte.

Diese Tendenz traf mit der Bestrebung zusammen, nach der jahrelangen Isolierung Deutschlands die zu einem guten Teil deutschen Emigranten geschuldeten angelsächsischen Theorieentwicklungen nachzuholen.

Dadurch gewannen jetzt die kritische Gesellschaftstheorie neomarxistischer Herkunft und die sogenannte „analytische Philosophie" erheblichen Einfluss. Letztere wollte philosophische Probleme durch Sprachkritik auflösen und wandte sich demgemäß den Aussagen, Begriffen, Prinzipien und Axiomen der Wissenschaften zu. Für diese antimetaphysische und antidogmatische Abkehr von Dingen und Ideen hat sich der von Richard Rorty 1967 in Umlauf gebrachte Terminus *Linguistic Turn* eingebürgert. Der solcherart wissenschaftstheoretisch „geläuterte" und rehabilitierte Rechtspositivismus zog einen scharfen Trennungsstrich zwischen Recht und Moral sowie zwischen der externen Beobachtungsperspektive mit ihrer kontradiktorischen Unterscheidung von Recht und Nicht-Recht und der auf den konträren Gegensatz von Recht und Unrecht ausgerichteten internen Entscheidungsperspektive. Dadurch tritt zudem der deskriptive Charakter der neuen Rechtstheorie gegenüber der Teilhabe an der Normativität des Rechts hervor, wie sie Rechtsphilosophie und Rechtsdogmatik als hermeneutische Disziplinen in Anspruch nehmen.

Die von der analytischen Philosophie und dem Neopositivismus betriebene Abkehr von der Gerechtigkeitsphilosophie und der Rechtsdogmatik hatte außerdem zur Folge, dass im 1. Band der neuen Zeitschrift für „Rechtstheorie" mit dem Beitrag „Der gegenwärtige Stand der reinen Rechtslehre" von Robert Walter auch Hans Kelsens in Deutschland bis dahin meist ignorierte oder geschmähte Normentheorie Eingang in die seriöse wissenschaftliche Diskussion fand.

Inzwischen hat John Rawls mit seiner *Theory of Justice* 1971 freilich längst eine Renaissance der Gerechtigkeitsphilosophie ausgelöst.

Das Fach Rechtsgeschichte hebt Rechtsquellen, Gerichtsverfassung und die praktische Rechtspflege aus den allgemeinen geschichtlichen Überlieferungen heraus und sucht darüber hinaus rechtliche Grundfiguren (Institutionen) eines historischen Ordnungsgefüges zu fixieren. Daher ist es im wesentlichen Wissenschaftsgeschichte.

Franz Wieackers Standardwerk zur „Privatrechtsgeschichte der Neuzeit" setzt ganz selbstverständlich einen festen, bis auf die spätrömische Rechtsschule und namentlich auf Ulpian zurückgehenden Begriff des Privatrechts als des Rechts voraus, *quod ad singulorum utilitatem (spectat).* Er umfasst hauptsächlich Personenrecht, Recht der vertraglichen und deliktischen Schuldverhältnisse, des Sachen-, Familien- und Erbrechts. Eine Geschichte der Entwicklung aller Institutionen, das heißt der Grundmuster dieses komplexen Rechtsgebiets samt den zugehörigen Dogmatiken der letzten 500 Jahre, zu erfassen und zur Darstellung zu bringen, ist natürlich unmöglich. Der Ausweg: eine nach Epochen gegliederte und auf die jeweils maßgeblich prägenden Ideen konzentrierte, historisch kontextualisierte und damit die geistigen Voraussetzungen unseres Privatrechts erhellende Literaturgeschichte der Rechtswissenschaft. Darin erscheinen die Institutionen des Privatrechts nur mehr als Beispiele für die rechtlichen und rechtswissenschaftlichen Vorstellungen der historischen Epochen. Insoweit ergibt sich auf der Grundlage der vorausgesetzten gesellschaftlichen Statik mit gleichbleibenden Elementen der sozialen Lebenswirklichkeit wie Familie, Vertrag, Sachbesitz, Erbgang usw. eine Art von diachronischem Rechtsvergleich, der danach so allerdings nur im Privatrecht möglich ist. Der reflexiv dergestalt geformte Gegenstand der Wissenschaft begründet die Doppelbedeutung der „Privatrechtsgeschichte" als Bezeichnung des Gegenstandes wie der Wissenschaft von ihm.

Eine junge Disziplin ist auch das „Deutsche Privatrecht" als Produkt der „Deutschen Rechtsgeschichte". Ihr Ziel war es, der römischen Rechtstradition und dem pandektistischen Rechtssystem eine deutsche Rechtsüberlieferung aus germanischen Wurzeln und ein davon getragenes nicht römisches Rechtssystem gegenüberzustellen.

Hier hat eine gewisse Zweigleisigkeit ihren Grund: Auf der einen Seite gab es die der Romantik verpflichtete Darstellung germanischer Rechtsaltertümer und der Epochen deutscher „Staats"-Geschichte und daneben andererseits das Bemühen um ein eigenes deutsches Rechtssystem aus den „höheren Regeln, von denen die deutschen Privatrechte abstammen", wie Eichhorn aus dem Geist geschichtsphilosophischer Gleichsetzung von deutsch und germanisch schrieb. Das ist der Hintergrund einer Lehrbuchtradition, die sich nach römischrechtlichem Vorbild in die „Deutsche Rechtsgeschichte" ohne das Privatrecht und in das „Deutsche Privatrecht" gliedert. Aus dieser Spaltung, zu der mit der

Verschärfung des Gegensatzes von Volksgeistidee und dem am römischen Recht geschulten Systemdenken die ursprüngliche Zweigleisigkeit führte, resultiert letztlich auch der heutige Streit unter Rechtshistorikerinnen und Rechtshistorikern über die Zugehörigkeit ihres Faches zur dogmatischen Rechtsoder zur allgemeinen Geschichtswissenschaft. Die Antwort hängt davon ab, ob und inwieweit der historische Rechtsstoff, gewissermaßen durch die Brille der dogmatischen Rechtswissenschaft des geltenden Rechts gesehen, in einer Art diachronischen Rechtsvergleichs Vorformen oder Alternativen zeigt oder ob die Rechtsgeschichte, durch vollkommene Historisierung von aller Dogmatik befreit, als selbstständiger Gegenstand begriffen wird.

Ein drittes und letztes Beispiel: die Geschichte des öffentlichen Rechts. Der Terminus *ius publicum* ist so alt wie der Terminus *ius privatum* und begreift über Jahrhunderte, was Justinians *Corpus Iuris Civilis* nebenbei an Sonderregelungen für Gesetze, Rechtsprechung, Straf- und Zivilprozess, sakrale Angelegenheiten, Kirchengut, Fiskus, Militärwesen und anderes mehr enthält. Noch der berühmte, vom Humanismus

geprägte französische Jurist Hugo Donellus behandelt das *ius publicum* des *Corpus Iuris Civilis* 1589 bloß als nachgeordnete Sammlung von Spezialvorschriften für bestimmte, von der Geltung des universalen Privatrechts teilweise ausgenommene Gegenstände. Aber dann tat die neue epochale Souveränitätslehre in Jean Bodins „Republik" von 1572 ihre Wirkung. Der von Bodin zwar nicht erfunden, aber in seiner systembildenden Bedeutung ausgearbeitete Zentralbegriff der Souveränität, der alle Hoheitsrechte in dem umfassenden Recht der Gesetzgebung bündelt, begründet ein ganz neues Verständnis des öffentlichen Rechts und dessen Stellung zum Privatrecht. So dreht der englische Absolutist Francis Bacon 1623 die Verhältnisbestimmung von Donellus um und spricht von der Vormundschaft des öffentlichen Rechts über das Privatrecht. Nun war das neu definierte Rechtsgebiet des öffentlichen Rechts begrifflich durchzuarbeiten, wobei Anordnungen der fürstlichen Amtsgewalt zuallererst unter den Rechtsbegriff gebracht werden mussten. Das alles war Aufgabe der Theoretiker, nicht der Rechtsanwender. Daher ist das monumentale vierbändige Werk von Michael Stolleis zur

„Geschichte des öffentlichen Rechts in Deutschland seit 1600" keine Geschichte der Entwicklung der Formen, Inhalte und Funktionen des öffentlichen Rechts – die auch niemand leisten könnte –, sondern nach dem Vorwort des Autors im 1. Band „eine Wissenschaftsgeschichte des öffentlichen Rechts".

ZUR BILDUNG VON BLASEN IM FACH UND WAS MAN DAGEGEN TUN KANN[1]

HEINZ D. KURZ

Heinz D. Kurz ist em. Professor für Volkswirtschaftslehre an der Karl-Franzens-Universität Graz und Fellow des Graz Schumpeter Centre, dessen Leiter er bis 2015 war.

EINLEITUNG

Die jüngste Wirtschafts- und Finanzgeschichte zeigt neuerlich eindrucksvoll, dass gewisse Märkte zur Bildung von Blasen neigen. Üblicherweise sind Ökonominnen und Ökonomen geneigt, anzunehmen, dass Abweichungen von einem theoretisch gefassten Gleichgewicht geschwind zentripetale Kräfte aktivieren, die über negative Rückkopplungen eine relativ schnell sich bemerkbar machende Tendenz zurück in Richtung des Gleichgewichtes bewirken. Dieses einfache Bild, sosehr es auch die Verhältnisse auf einigen Märkten unter normalen Umständen annäherungsweise zu beschreiben imstande ist, trifft jedoch nicht auf alle Märkte zu. Es gibt Märkte, in denen offenbar zentrifugale Kräfte am Werk sind und wo bei Abweichungen vom theoretisch gefassten Gleichgewicht die Gefahr besteht, dass diese im Lauf der Zeit immer größer werden. Über schnell wirkende positive Rückkopplungen kommt es über längere Zeit hinweg zu einem wachsenden Ungleichgewicht, bis sich die darin

---

[1] Aus: Gehrke, Ch. / Sturn, R. (Hg.) (2012): *Modell, Wirklichkeit und Krise: Politische Ökonomie heute.* Heinz Kurz zum 65. Geburtstag (Marburg: Metropolis-Verlag), 87–118. Ich danke Julia Wurzinger für die Durchsicht dieser Fassung.

aufstauenden Kräfte plötzlich in einem großen Knall entladen. Dass die immer größer werdende Blase irgendwann einmal platzen wird, liegt für aufmerksame Beobachterinnen und Beobachter auf der Hand, wann das aber der Fall sein wird, ist ungewiss. Steigt zum Beispiel in Erwartung steigender Börsenkurse die Nachfrage nach Wertpapieren, dann treibt dies die Kurse in die Höhe, was die Erwartung bestätigt, in der Folge zusätzliches Geldkapital anlockt, was die Kurse weitertreibt, was noch mehr Kapital anlockt usw. Ansteckung und Herdenverhalten nehmen ihren Lauf. Während viele Gütermärkte eher zum ersten Markttypus zählen, sind viele Finanzmärkte eher dem zweiten zuzurechnen.

Was nun aber lässt sich über den „Markt für ökonomische Ideen" sagen: Handelt es sich um einen solchen, der eher dem ersten oder dem zweiten Typ ähnelt? Erfasst die ökonomische Theorie die „fundamentalen Kräfte", die das Wirtschaftsgeschehen bestimmen, und begreift sie deren Wechselwirkung, so gut es eben geht – oder verstellt sie gegebenenfalls den Blick auf die Wirklichkeit? Perpetuieren und verstärken sich solche Vorstellungen über positive Rückkopplungen innerhalb des Wissenschaftsbetriebes durch Berufungen auf Lehrstühle, Rankings von Zeitschriften und Personen, Vergabe von Forschungsmitteln, durch Belobigungen und Preise wie den sogenannten Nobelpreis usw.? Geht es in der Ökonomik als Ganzes oder in einigen ihrer Teilgebiete mitunter ähnlich zu wie auf Finanzmärkten mit steil aufschießenden Kurswerten für gewisse Theorien und deren Vertreter, irgendwann gefolgt von nicht weniger eindrucksvollen Abstürzen? In dieser Arbeit wird die Auffassung vertreten, dass der Markt für ökonomische Ideen tatsächlich durch Blasenbildung gekennzeichnet ist.[2] Damit sind nicht nur die wiederholt beschriebenen Wellen von „fads and fashions" gemeint, das heißt die Be-

---

[2] Nachdem diese Arbeit fertiggestellt worden war, ist mir der Evaluierungsbericht des Independent Evaluation Office of the International Monetary Fund (IEO) zur Tätigkeit des IMF in der Zeit von 2004 bis 2007, das heißt vor Ausbruch der Finanz- und Wirtschaftskrise, zur Kenntnis gelangt. Dort wird die Auffassung vertreten: "The IMF's ability to correctly identify the mounting risk was hindered by a high degree of *groupthink, intellectual capture*, a general mindset that a major financial crisis in large advanced economies was unlikely, and *inadequate analytical approaches*." (IEO 2011: 20; Hervorhebungen hinzugefügt) *Groupthink* ist ein bedeutendes Element der Blasenbildung.

fassung großer Teile der Zunft mit modischen Themen und ihre Behandlung mittels Ansätzen, die gerade „en vogue" sind. Diese Wellen können relativ harmlos sein. Gefährlich werden sie, wenn ihre Repräsentantinnen und Repräsentanten der Gefahr der Wissensanmaßung unterliegen und erfolgreich verhindern, dass andere Ansätze, Theorien und Deutungsmuster der wirtschaftlichen Welt zu Gehör gebracht werden können und in Lehre und Forschung vertreten sind. Auf der Strecke bleiben alternative Erklärungsansätze und damit die Vielfalt des Angebotes als Voraussetzung für Wahlmöglichkeiten und Fortschritt. Die Globalisierung der Ausbildung in der Wirtschaftswissenschaft im genannten Sinn erleichtert die Möglichkeiten der Bildung großer intellektueller Blasen. Das Ausbildungssystem, so ist zu befürchten, wird „penny-wise" im Sinne des jeweils dominierenden Mainstreams, aber „pound-foolish" in einem weiteren Sinn.

Sowohl Real- als auch Fachgeschichte liefern zahlreiche Beispiele für Blasen. Die bislang wohl größte und wirkungsmächtigste bestand in einer besonderen Art und Weise in der Rezeption der Marx'schen Kapitalismusanalyse und deren Missverständnis als Gebrauchsanweisung für die Etablierung, Festigung und Lenkung sozialistischer Ökonomien (oder was dafür gehalten wurde). Ein nicht unbeträchtlicher Teil der Menschheit stand über mehrere Jahrzehnte hinweg im Banne dieser Blase, und ein kleiner Teil tut es noch immer. Zahlreiche weitere wirtschaftstheoretische und -politische Blasen mit mehr oder weniger großen Auswirkungen ließen sich anführen, und viele stehen in mehr oder weniger engem Zusammenhang mit real- oder finanzwirtschaftlichen Spekulationswellen (vgl. Kindleberger 1978).

Letztlich, so die hier vertretene Überzeugung, ist kein Kraut gewachsen, das die Blasenbildung in der Ökonomik ein für alle Mal verhindern würde. Die Spezies Mensch wird sich weiterhin bei der Deutung der jeweils existierenden wirtschaftlichen und sonstigen Verhältnisse und deren weiterer Entwicklung mehr oder weniger täuschen, und Ökonominnen und Ökonomen sind Teil dieser Spezies.

Im Folgenden liegt das Hauptaugenmerk auf der ökonomischen Theoriegeschichte, nicht zuletzt deshalb, weil eine Befassung mit der Wirtschaftsgeschichte – der Lieferantin der Erkenntnisobjekte der Wirtschaftswissenschaftlerinnen und Wirtschaftswissenschaftler – an sich selbstverständlich sein sollte und keiner gesonderten Begründung bedarf. Dass es sich mittlerweile anders verhält, spricht nicht gegen die Wirtschaftsgeschichte, sondern gegen den aktuellen Trend in der wirtschaftswissenschaftlichen Ausbildung.

SAMUELSON UND DIE MODERNE ÖKONOMIK

In der erweiterten Ausgabe seiner *Foundations of Economic Analysis* gibt Paul A. Samuelson folgenden Grund dafür an, warum sich Wissenschaftlerinnen und Wissenschaftler im Allgemeinen und Wirtschaftswissenschaftlerinnen und Wirtschaftswissenschaftler im Besonderen nicht ernsthaft mit der Geschichte ihres Faches abgeben können: Es fehle ihnen die Zeit dafür. "Working scientists", schreibt er, "to tell the simple truth, have neither the time nor the patience to bother with the history of their subject: they want to get on with making that history." (Samuelson 1983: xvi)

Fortschritt im Fach setzt eine Kenntnis des jeweils erreichten Standes voraus, und der jeweils erreichte aktuelle Stand ist häufig nicht auf der Höhe des potenziell erreichbaren Standes, wie ihn die im Lauf der Geschichte eines Faches vorgestellten Ideen ermöglichen würden.

Samuelson war sich wohl bewusst, dass er mit seinen Arbeiten auf der Schulter von „Giganten" stand. Deren Werke zu kennen, war eine unabdingbare Forderung, um sich nicht dem Vorwurf „unnötiger Originalität" auszusetzen. Es kann daher auch nicht überraschen, dass Samuelson zeit seines akademischen Lebens ein lebhaftes Interesse an theoriegeschichtlichen Fragen hegte. Dieses Interesse findet seinen Niederschlag nicht nur in zahlreichen Veröffentlichungen, die unmittelbar Fragen der ökonomischen Theoriegeschichte gewidmet sind (vgl. Kurz 2010b), sondern auch in zahlreichen Hinweisen auf Vorgänger in seinen wirtschaftstheoretischen Schriften.[3] Als Student von zwei der bedeutendsten ökonomischen Theoriegeschichtler, Jacob Viner und Joseph A. Schumpeter, dürfte Samuelson gleich zu Beginn seiner akademischen Karriere ein Interesse an der Geschichte des Faches

---

[3] Vgl. die bislang fünf Bände von *The Collected Scientific Papers of Paul Samuelson* (*CSPPAS* 1968 ff.).

eingeflößt worden sein. Als er im Jahr 1961 die Präsidentschaft der *American Economic Association* antrat, widmete er seine Presidential Address ganz im Sinne des Gesagten dem Thema „Economists and the History of Ideas" (Samuelson 1962). Er verband seine Überlegungen mit dem Hinweis darauf, dass es sich bei der Mathematik zwar um ein höchst bedeutendes Werkzeug in der Ökonomik handele, dass aber alles darauf ankomme, die dem jeweils behandelten ökonomischen Problem angemessene Art der Mathematik anzuwenden oder, soweit noch nicht vorhanden, erst zu entwickeln. Tatsächlich, so Samuelson, gebe es viel Missbrauch des Werkzeugs – eine Situationsbeschreibung, die auf die heutigen Verhältnisse gewiss nicht weniger zutrifft als auf die damaligen.

Samuelson war von der Richtigkeit des von ihm eingeschlagenen Weges in der Ökonomik, welcher der Weg des größten Teils der gesamten Disziplin werden sollte, überzeugt. In den *Foundations* charakterisiert er diesen Weg wie folgt. Seiner selbstbewussten Auffassung zufolge bestand die Errungenschaft in der Formulierung einer „general theory of economic theories", das heißt in einer Art

Metatheorie (Samuelson 1983: xxvi). Samuelson hat die Entwicklung der modernen Ökonomik wie kaum ein anderer beeinflusst, aber er hat sie so nicht gewollt. Er war dem neoklassischen Paradigma verpflichtet, aber er wusste um die Möglichkeit des Versagens der Selbststeuerungskräfte der privat-dezentralen Ökonomie und vertrat deshalb auch keynesianische wirtschaftstheoretische und -politische Ideen. In seiner Nobel-Autobiografie gestand er ein: "My Chicago-trained mind resisted tenaciously the Keynesian revolution; but reason won out over tradition and dogma." (Samuelson 2003) Samuelson hat sich, wie bekannt, wiederholt kritisch mit Piero Sraffas Neuformulierung des klassischen Ansatzes in der Theorie des Wertes und der Verteilung auseinandergesetzt. Tatsächlich hat er hierüber zahlreiche Aufsätze verfasst und auch mit Anhängern Sraffas wiederholt die Klingen gekreuzt. Bereits diese Tatsache belegt, dass er Sraffa und dessen Leistung allem Anschein zum Trotz außerordentlich schätzte.[4]

---

[4] Der bislang unveröffentlichte Briefwechsel Samuelsons mit Sraffa im Besitz des Trinity College, Cambridge (U.K.), untermauert diese Behauptung.

Dies ist nicht verwunderlich. Wie Samuelson bei Bekanntwerden einiger Dokumente aus dem literarischen Nachlass Sraffas feststellen musste, hatte dieser bereits Anfang 1946 in einer kritischen Auseinandersetzung mit dem Konzept der Grenzproduktivität des Kapitals die Unhaltbarkeit des Samuelson'schen Konzeptes einer „surrogaten Produktionsfunktion" aus dem Jahr 1960 antizipiert.[5] Samuelson hat Sraffas Leistung anerkannt, aber zugleich ihre Bedeutung herunterzuspielen versucht.

Trotz seiner Überzeugung, der Ökonomik eine neue Richtung gewiesen zu haben, hat Samuelson andere Richtungen respektiert, sofern sie gewisse Anforderungen wie Kohärenz und Widerspruchsfreiheit der Argumentation, Bedeutung der behandelten Probleme usw. erfüllten. Samuelson war mit evolutorischem Gedankengut wohlvertraut. Wiederholt hat er seiner Überzeugung Ausdruck verliehen, dass Fortschritt in der Wissenschaft Wettbewerb zwischen verschiedenen Ansätzen und damit deren Vielfalt voraussetzt. Dies widerspricht nicht dem Umstand, dass er selbst sehr darum bemüht war, andere von der Überlegenheit

---

[5] Vgl. hierzu Kurz (1998).

seines Standpunktes zu überzeugen, und damit auf eine *unité de doctrine* hinarbeitete.

Aber nicht alle der Samuelson nachfolgenden Ökonomen von Bedeutung sind aus dem gleichem Holz geschnitzt wie er. Nicht allen von ihnen scheint bewusst zu sein, dass Offenheit gegenüber anderen Ansätzen und das Eintreten für Pluralismus dem Fach zum Vorteil gereichen. Im Folgenden wird ein Beispiel für das Dominanzstreben einer Richtung innerhalb eines Teilgebietes – der Makroökonomik – kurz erörtert. Es handelt sich um die *NCE*.

KOMPLEXITÄT, WISSENS-ANMASSUNG UND BLASEN-BILDUNG: DIE NCE

Ein beträchtlicher Teil der modernen Ökonomik basiert auf der Kunstfigur des repräsentativen Akteurs, der über einen unendlichen Zeithorizont hinweg und in Beachtung seiner intertemporalen Budgetbeschränkung seinen Nutzen maximiert. Der Theorie der rationalen Erwartungen gemäß hat er die Funktionsweise des Systems durchschaut und passt sich optimal an die gegebenen Verhältnisse an bzw. macht sie sich zunutze.

Gäbe es ihn wirklich, dann könnte die Wirtschaftswissenschaft von ihm lernen, wie das ökonomische System funktioniert. Aber es gibt ihn nicht und kann ihn nicht geben, denn in ihm sind alle Konflikte, die wirkliche Menschen erfahren und die einen nicht unwesentlichen Teil der Wirtschaft ausmachen und diese treiben, aufgehoben.

Gegen Gedankenexperimente, die sich der fraglichen Kunstfigur bedienen, ist nichts einzuwenden: Sie könnten Teil einer umfänglichen Heuristik sein, die sich dem komplexen Erkenntnisobjekt unter Verwendung verschiedenartiger Mengen mehr oder weniger kühner Prämissen und der sich jeweils ergebenden Implikationen zu nähern versucht. Problematisch wird es dann, wenn, wie in jüngerer Zeit geschehen, ein höchst spezieller Ansatz drauf und dran ist, allmählich zum einzig zulässigen zu mutieren – zum tonangebenden *Stil* wirtschaftswissenschaftlichen Räsonierens schlechthin, dem sich keiner entziehen kann, sofern ihm an der Anerkennung durch den ökonomischen Mainstream gelegen ist.[6]

---

[6]   Die Anerkennung erfolgt unter anderem durch Veröffentlichungen in „core journals".

Das Hauptargument zugunsten eines neuen Ansatzes im Fach ist die Behauptung seiner Überlegenheit gegenüber dem bisher herrschenden. Das Beispiel der Makroökonomik in den vergangenen Jahrzehnten drängt sich auf, denn in ihr kam es zu einem besonders radikalen Regimewechsel. So schrieb im Jahr 1992 Gregory Mankiw (zitiert in Posner 2009), nach "fifty years of additional progress in economic science, [Keynes'] *The General Theory* is an outdated book. … We are in a much better position than Keynes was to figure out how the economy works." Und in seiner Presidential Address anlässlich der 115. Jahrestagung der American Economic Association am 4. Januar 2003 in Washington, D. C., vertrat Robert Lucas jr. die Auffassung: "The central problem of depression prevention has been solved, for all practical purposes, and has been solved for many decades." (2003: 1)

Der behauptete Fortschritt verführte so manchen Autor zu Hochmut, so auch Lucas. Keynes und dessen

---

Ein einfacher und schneller Lackmustest, der den gegenwärtigen Stil widerspiegelt, besteht darin, zu überprüfen, ob eine Arbeit mit Nutzenfunktionen operiert oder nicht. Tut sie es nicht, kann das bereits ein Grund für ihre Ablehnung sein.

Analyse seien irreführend und völlig unbrauchbar, ließ er seine Leserinnen und Leser wissen. Was sei schon von einem Autor zu erwarten, empört sich Lucas, der in seinem *magnum opus* niemanden zitiere „but crazies like Hobson"? (Lucas 2004, 23 f.) Lucas muss sich zum Zeitpunkt, zu dem er dies geschrieben hat, sehr sicher gefühlt haben. Keynes war tot und begraben, und niemand würde angesichts der Errungenschaften der modernen Makroökonomik Grund dazu haben, seine Schriften jemals wieder zur Hand zu nehmen.

Hochmut kommt vor dem Fall. Lucas hat sich geirrt. Theoriegeschichtlerinnen und Theoriegeschichtlern sind berufsnotorisch unter anderem damit befasst, Urteile über bedeutende Autoren in der Ökonomik auf ihren Wahrheitsgehalt hin zu überprüfen. Eine solche Überprüfung zeigt im vorliegenden Fall, dass Lucas ganz offenbar eine unbekannte und unauffindbare Ausgabe der *General Theory* gelesen haben muss. In der bekannten und allgemein zugänglichen Ausgabe nämlich zitiert Keynes (neben Hobson) unter anderem Bentham, Böhm-Bawerk, Cassel, Edgeworth, Irving Fisher, A. Hansen, Harrod, Hawtrey, Hayek, Jevons, Kahn, Kuznets, Marshall, Marx, J. S. Mill, Pigou, D. H. Robertson, Sraffa, Walras und Wicksell. Lucas und seine Anhänger, so darf vermutet werden, betrachten das Treiben von Theoriegeschichtlern zu Recht mit Argwohn und würden es wohl am liebsten unterbinden, denn Theoriegeschichtlerinnen und Theoriegeschichtler decken Fehlmeinungen auf. Darüber hinaus weisen sie, wie wir sehen werden, so manche neue Entdeckung der Sache (wenn schon nicht der Form) nach als altbekannt aus.

Aber was Theoriegeschichtlern nicht gelingen wollte, hat die jüngste Finanz- und Wirtschaftskrise besorgt: Sie hat der *NCE* einen schweren Schlag versetzt. Selbst ehedem glühende Vertreter der Position der Chicagoer Schule in der Makroökonomik und Finanzmarkttheorie haben umzudenken begonnen. Richard Posner von der University of Chicago Law School widersprach vehement Mankiws obigem Urteil: "We have learned since September [2008] that the present generation of economists has not figured out how the economy works." (Posner 2009) Posner zufolge bestand der gegenüber der *General Theory* behauptete Fortschritt in der Makroökonomik tatsächlich in einem Rückschritt. Ähnliche Auffassungen waren von Ökonomen wie Jeffrey Sachs und Edmund Phelps zu vernehmen. Und lange vor der Krise hatte Alan S. Blinder die Lucas'sche Anmaßung gegeißelt. Auf die Frage, "whether the Keynesian or new classical answers have greater claim to being 'scientific'", antwortete er: "When Lucas changed the answers given by Keynes, he was mostly turning better answers into worse ones." (Blinder 1987, 130)

Aus der Sicht der Kritikerinnen und Kritiker, so können wir sagen, handelt es sich beim Erfolg der von Lucas, Sargent und anderen vertretenen Theorie der rationalen Erwartungen um eine Blase. Es war Lucas selbst, der stolz auf den rasanten Erfolg der Theorie – die Bildung der Blase – aufmerksam gemacht hat: Das Potenzial der fraglichen Theorie, schrieb er vor einigen Jahren, "is getting realized. It has completely succeeded in taking over growth theory, most of public finance, financial economics. Now it's coming in use in macroeconomics with real business cycle theory." (Lucas 2004, 23). Positive Rückkopplungsmechanismen im Fach sorgten für die Ausbreitung der *NCE* und deren Aufstieg zu einem dominierenden Paradigma in der Makroökonomik.

Zwei typische Momente bei der Einführung eines neuen (oder für neu gehaltenen) Ansatzes verdienen es, besonders erwähnt zu werden, um anschließend am Beispiel der von Lucas geprägten modernen Makroökonomik illustriert zu werden. Das erste Moment besteht in der Benennung der Art des Fortschrittes gegenüber früheren Ansätzen. Das zweite befasst sich damit, den neuen Ansatz als in der Tradition bedeutender Vorfahren stehend auszugeben, das heißt einen Stammbaum zu konstruieren, der dem Neuen die höheren Weihen des in Ehren gehaltenen Alten verschaffen soll.

Im Falle von Lucas sind beide Momente auf das Engste miteinander verwoben. Er schreibt in Bezug auf den Fortschritt im Fach:

"I see the progressive ... element in economics as entirely technical: better mathematics, better mathematical formulation, better data, better data-processing methods, better statistical methods, better computational methods."

Und unmittelbar darauf nennt er jene Ökonomen, in deren Tradition er sein eigenes Werk sieht:

"I think of all progress in economic thinking, in the kind of basic core of economic theory, as developing entirely as learning how *to do what Hume and Smith and Ricardo wanted to do, only better."* (Lucas 2004, 22; Hervorhebungen hinzugefügt)

Drei Dinge verdienen es, festgehalten zu werden. Erstens und vielleicht am wichtigsten: Auch Lucas ist der Ansicht, dass das Fach über lange Zeiträume hinweg Irrwege einschlagen kann. Die Lehre von Keynes begründete seiner Überzeugung nach einen solchen Irrweg. Lucas vertritt daher nicht die Auffassung eines effizient funktionierenden Marktes für ökonomische Ideen. Für ihn induzierte Keynes eine Blase, die erst durch realwirtschaftliche Vorgänge wie das Phänomen der Stagflation und innertheoretische Entwicklungen zum Platzen gebracht worden ist und einer neuen und besseren Theorie, eben der *NCE,* Platz gemacht hat. Fortschritt in einem weiteren Sinn, so seine Botschaft, bestehe in der Überwindung von für irreführend gehaltenen Ansätzen und in der Entwicklung des für richtig Erachteten.

Zweitens – und im Widerspruch zum gerade Gesagten – vertritt Lucas die Ansicht, Fortschritt in der Wirtschaftswissenschaft sei „entirely technical", das heißt weder konzeptionell noch substanziell. Wer auch nur ein wenig mit der Wirtschafts- und Sozialgeschichte sowie der Theoriegeschichte vertraut ist, wird von der Naivität dieser Sicht überrascht sein. Gab es keine tiefgreifenden strukturellen und institutionellen Veränderungen im Laufe der Wirtschafts- und Sozialgeschichte, die die Entwicklung neuer Konzepte und Theorien nötig gemacht haben? Waren die Hinweise auf im Lauf der Zeit erfolgende tiefgreifende sozioökonomische Transformationen und Brüche, wie man ihnen zum Beispiel im Werke Adam Smiths oder der deutschen Historischen Schule begegnet, pure Einbildung? Und haben Ökonominnen und Ökonomen auf markante Veränderungen ihres Erkenntnisobjektes nicht (mehr oder weniger schnell) mit Änderungen ihres Weltbildes und der zum Einsatz kommenden analytischen Instrumente reagiert? Die Behauptung, Fortschritt in der Wirtschaftswissenschaft sei nur technischer Art, lässt sich nicht halten.

Wie aber steht es, drittens, um die Vereinnahmung eines Hume, Smith und Ricardo als geistige Vorläufer der von Lucas vertretenen Theorie?

Bei dieser handelt es sich um eine makroökonomische Version der intertemporalen allgemeinen Gleichgewichtstheorie von Arrow und Debreu, die für Lucas das „Herzstück der Wirtschaftstheorie" ausmacht. Atmen die Beiträge von Hume, Smith und Ricardo bereits den Geist dieser Theorie? Dieser Eindruck mag sich bei oberflächlicher Betrachtung ergeben, wer jedoch nur ein wenig tiefer in die Werke der Genannten eindringt, weiß, dass sich die darin zum Ausdruck kommenden Vorstellungen in mehrfacher Hinsicht und in unterschiedlicher Weise deutlich von der Lucas'schen Theorie unterscheiden. So basieren die Ansätze der Genannten nicht auf der Annahme, "that we have a cleared labor market at every point in time" (Lucas 2004, 16). Für Hume bis Ricardo war Arbeitslosigkeit ein normales Phänomen in der sich entwickelnden kapitalistischen Ökonomie; Arbeit sparender technischer Fortschritt geht einher mit der Freisetzung von Arbeitskräften, wie sie zum Beispiel Ricardo im berühmten Maschineriekapitel seiner *Principles* erörtert.[7] Frühe Formen des „Say'schen Gesetzes" bezogen

sich nur auf die Märkte von Waren, die mit einem Gewinnziel (das heißt kapitalistisch) erzeugt wurden, nicht aber auf die Arbeitskraft, für die dies nicht gilt. Erst später (mit der Lohnfondstheorie als Vorläuferin) kam es zur Entwicklung des Konzeptes des „Arbeitsmarktes" und dessen Subsumtion unter das Say'sche Gesetz. In den klassischen Ökonomen trifft man nicht auf die marginalistischen Konzepte der Angebots- und Nachfragefunktionen. Und gewiss sucht man in diesen Autoren vergebens den repräsentativen Akteur. Mit ihm wird dem Blick entrückt, was jene als von zentraler Bedeutung für die privat-dezentrale Wirtschaft ansahen: das prozessierende Moment der Interessengegensätze und Verteilungskonflikte.[8]

Lucas glaubt, auf den Schultern der klassischen Ökonomen zu stehen und die von diesen begründete Tradition des ökonomischen Denkens fortzuführen. Der Schein trügt.

IDEEN, GLAUBEN, IDEOLOGIEN

Lucas bestätigt mit seinen Ausführungen zum angeblichen „Tod des Keynesianismus" die hier vertretene Auffassung, dass der Markt für ökonomische Ideen kein perfekt funktionierender Selektionsmechanismus ist, der alles Gute und Brauchbare bewahrt und alles Schlechte und Irreführende zügig und verlässlich ausmustert. Nicht nur Laiinnen und Laien, sondern auch Vertreterinnen und Vertreter des Faches Wirtschaftswissenschaft vertreten nicht eben selten Auffassungen, die bereits vor langer Zeit als unhaltbar nachgewiesen worden sind. Das unbeirrte Festhalten an derartigen Auffassungen verweist auf eine Kraft, die häufig stärker ist als Kritik: die „Vision" oder der „Glaube" an die grundsätzliche Richtigkeit einer gewissen Deutung der Dinge, einer bestimmten Weltsicht. Diese ist nur schwer erschütterbar. Da der Erkenntnis des Menschen Grenzen gesetzt sind und er niemals in den Besitz der „ganzen Wahrheit" über komplexe ökonomische Zusammenhänge gelangen wird, wird ihn die erwiesene Unhaltbarkeit eines Teils seiner Vision kaum

---

[7] Zur Hume'schen ökonomischen Theorie vgl. Kurz 2011.

[8] Nicht ohne Grund spricht zum Beispiel Ricardo von Maschinen als den „mute agents of production": Im Unterschied zu den Arbeitern verlangen sie keine höheren Löhne oder besseren Arbeitsbedingungen.

dazu bewegen, die Vision insgesamt aufzugeben.[9]

Auf die bedeutende Rolle von irreführenden Ideen und die Unsterblichkeit einiger darunter hatte Keynes aufmerksam gemacht:

"The ideas of economists and political philosophers, both when they are right and when they are wrong, are more powerful than is commonly understood. Indeed the world is ruled by little else. Practical men, who believe themselves to be quite exempt from any intellectual influences, are usually the slaves of some defunct economist. Madmen in authority, who hear voices in the air, are di-

___

[9] So wird das Festhalten an für unhaltbar nachgewiesenen Konzepten, wie zum Beispiel der aggregierten Produktionsfunktion, mit der verfochtenen instrumentalistischen Methodologie gerechtfertigt, die im Interesse einer guten Prognoseleistung des Modells bereit ist, kühne und auch klar falsche Annahmen zu akzeptieren. Um die Prognoseleistung der hier zur Diskussion stehenden Modelle ist es indes nicht sehr gut bestellt, womit die Legitimation der instrumentalistischen Position infrage steht. Nebenbei gesagt ist der Name „aggregierte Produktionsfunktion" irreführend, weil das Konstrukt nicht über ein Verfahren konsistenter Aggregation zustande gekommen ist, sondern ohne jegliche Prüfung der Aggregationsbedingungen einfach postuliert wird.

stilling their frenzy from some academic scribbler of a few years back."

Keynes fuhr fort:

"I am sure that the power of vested interests is vastly exaggerated compared with the gradual encroachment of ideas. Not, indeed, immediately, but after a certain interval; for in the field of economic and political philosophy there are not many who are influenced by new theories after they are twenty-five or thirty years of age, so that the ideas which civil servants and politicians and even agitators apply to current events are not likely to be the newest. But, soon or late, it is ideas, not vested interest, which are dangerous for good or evil." (Keynes 1936, 383)

Man kann sich natürlich fragen, ob die Macht etablierter ökonomischer Interessen derart gering ist, wie es Keynes anzunehmen scheint, und ob man Ideen und Interessen so ohne Weiteres einander gegenüberstellen kann. Etablierte Interessen bedienen sich vielfach des Instrumentes von Ideen zur Betonung ihrer Legitimität. Interessen und Ideen stehen daher häufig in symbiotischer Beziehung zueinander. Man dürfe nicht, betont

Samuelson in einem Plädoyer zugunsten einer „Whig History of Economics", den Fehler machen, von den angetroffenen Ideen und Konzepten zu verlangen, sie müssten „wahr" sein. Der Slogan der Ideengeschichte müsse vielmehr lauten:

"'The customer is always right.' Its objects are what men have *believed*; and if truth has been left out, so much the worse for truth, except for the curiously-undifficult task of explaining why truth does not sell more successfully than anything else." (Samuelson 1962, 14 f.)

Es braucht kaum betont zu werden, dass es nicht das Privileg der früheren Autoren war, sich zu irren, während es das Privileg der zeitgenössischen Autoren ist, immer richtigzuliegen. Die von Samuelson geforderte kritische Sicht darf sich nicht auf vergangene Autoren beschränken und gegenwärtige aussparen. Das umgekehrte Unterfangen – der Blick auf das Neue von der Warte des Alten aus – verspricht gleichfalls interessante Einsichten. Er deckt insbesondere auf, welche Probleme im Lauf der Zeit aus dem Blickfeld der Ökonomen verschwunden sind – nicht weil sie gelöst worden wären, sondern weil sie im Rahmen eines gegebenen Ansatzes und gegebener Werkzeuge nicht gelöst werden konnten. Gewisse Stile des ökonomischen Denkens eignen sich zur Behandlung einiger Probleme, nicht aber zur Behandlung anderer. Und wenn ein Stil mit hohen Eintrittskosten wie zum Beispiel der Erlernung eines schwierigen und umfänglichen mathematischen Apparates verbunden ist, dann ist die Bereitschaft, sich neu zu orientieren, gedämpft. Bestrebung, ein Werkzeug, eine Technik zu meistern, birgt die Gefahr, dass das eigene Denken schließlich vom Werkzeug, der Technik gemeistert wird. Wer einen Hammer besitzt, lautet ein Sprichwort, sieht in allem einen Nagel. Wenn der repräsentative Akteur erfolgreich intertemporal optimiert, tun es alle von ihm repräsentierten Lebewesen. Diese leben in der besten aller möglichen Welten, der Welt des Dr. Pangloss, wie ihn Voltaire in *Candide ou l'optimisme* nennt (Voltaire 2007).

Von Schumpeter stammt die Aussage, wer Theoriegeschichte studiere, werde mit „neuen Ideen" und „Einsichten in die Wege des menschlichen Geistes" konfrontiert (Schumpeter 1954, 4). Eine Idee ist immer für gewisse Personen neu. Vor langer Zeit erstmals geäußert, kann sie die heutige Betrachterin, den heutigen Betrachter gleichermaßen überraschen und faszinieren. Und: Wer den Fortschritt einer Wissenschaft befördern will, sollte ihre bisherigen Leistungen kennen. Wer möchte schon, wie Samuelson anmerkte, falsche Originalitätsansprüche erheben? Ökonominnen und Ökonomen loben im Allgemeinen die Vorzüge des Wettbewerbs. Die weitgehende Abschaffung der Theoriegeschichte in den Lehrplänen bedeutet jedoch eine Verarmung – und den Schutz zeitgenössischer Ökonomen gegenüber der Konkurrenz durch einen Smith, Ricardo usw. Bedarf das Neue des Schutzes vor dem Alten?

Die Gefahr der Bildung von Blasen im Raum der Ideen und Vorstellungen von der Welt ist in Jonathan Swifts *Gullivers Reisen* eindrucksvoll mittels der Geschichte von den Schneidern von Laputa beschrieben worden. Diese türmen eine unhaltbare Annahme auf die andere und enden schließlich im Narrenhaus. Keine der Annahmen muss dabei grotesk falsch sein, aber die Kumulierung von Annahmen, von denen jede ein wenig falsch ist und die sich nicht wechselseitig neutralisieren, kann ausreichen, um zu einem die Welt stark verzerrenden Bild zu gelangen. Dieser Überlegung können wir diejenige Joseph Schumpeters zugesellen, welcher der Auffassung war, dass in der Wirtschaftswissenschaft das ideologische Moment von beträchtlicher Bedeutung sei. Ideologien seien nicht einfach Lügen, sondern sagten aus, was Menschen zu sehen glaubten. Aussagen, die sich der Mathematik und Statistik bedienen, seien nicht schon deshalb ideologiefrei. Gewisse Ideologien seien über lange Zeit hinweg imstande, das ganze Fach oder größere Teile desselben zu beherrschen.

Schumpeters Feststellung ist im hier interessierenden Kontext von besonderer Bedeutung, denn er leitet aus ihr eine weitreichende Forderung ab: Um sich gegenüber Ideologien so gut es geht zu wappnen, sei es von allergrößter Bedeutung, sowohl Kenntnisse in Wirtschafts- als auch in Theoriegeschichte zu erwerben. Während die Wirtschaftsgeschichte empirisches Material bereithält, das gewisse Vorstellungen widerlegt oder relativiert, hält die Theoriegeschichte Überlegungen bereit, die sich kritisch mit Ideologien und ihren philosophischen Fundamenten auseinandersetzen. Eine Konfrontation mit der Wirtschaftsgeschichte und alternativen

Deutungen derselben, so können wir sagen, stärkt die Immunkraft gegenüber Wissensanmaßungen, verringert die Ansteckungsgefahr und beschränkt das Herdenverhalten.

Wir kommen nun zur knappen Erörterung dreier Beispiele dafür, wie Kenntnisse des Alten das Neue besser einzuschätzen erlauben und gegebenenfalls seine Hohlheit aufdecken. Das im Verlauf der Geschichte des Faches entstandene, aber nur teilweise absorbierte ökonomische Wissen verdient eine bessere Behandlung, als es derzeit der Fall ist.

GLÜCK VS. NUTZEN

Im ersten Beispiel geht es um die an sich selbstverständliche Tatsache, dass alles ökonomische Tun – Produktion wie Konsum – Zeit beansprucht. Allerdings tut sich die Ökonomik seit alters her schwer mit der Berücksichtigung des Zeitaspektes. Der Ausgangspunkt der gegenwärtig blühenden sogenannten „Glücksforschung" war das „Easterlin Paradoxon" (1974). Quer-, aber auch Längsschnittstudien über zahlreiche Länder hinweg zeigen, dass ab einem gewissen Einkommensniveau je Kopf das subjektive Wohlbefinden der Be-

völkerung nicht mehr nennenswert mit dem Einkommen wächst. Ab einem gewissen Realeinkommen will unser irdisches Glücksempfinden nicht mehr steigen. Dies widerspricht dem Bild des von der konventionellen neoklassischen Theorie gezeichneten „homo oeconomicus". Dessen Nutzenniveau steigt mit steigendem Realeinkommen, unter-proportional zwar, aber es steigt; er kennt keine Sättigung.

In der *Theory of Moral Sentiments* (1758) bedient sich Smith der häufig missverstandenen Metapher von der „unsichtbaren Hand". Beträchtliche Unterschiede in Vermögen und Einkommen der Menschen, so Smith, seien nicht gleichbedeutend mit solchen in deren Wohlbefinden und Lebenslust. Denn egal ob reich oder arm, dem Wunsch zu konsumieren und zu genießen stehe eine begrenzte Kapazität des Magens gegenüber, der nicht beliebig viel Essen fassen kann. Die „Gier" und „Raffsucht" der Reichen laufe daher dank einer gütigen „Vorsehung" ins Leere.

Knapp 100 Jahre später ergänzt Gossen in seiner Abhandlung *Entwickelung der Gesetze des menschlichen Verkehrs, und der daraus fließenden Regeln für menschliches Handeln* (1854) das Smith'sche Argument mit dem Hin-

weis auf den zeitraubenden Charakter des Konsums. Das Hauptproblem des Menschen sei die Allokation knapper Zeit auf alternative Tätigkeiten. Selbst wer sich keiner finanziellen Beschränkung seines Konsums durch ein geringes Einkommen gegenübersieht – Gossens Beispiel ist Ludwig XVI. von Frankreich –, unterliegt der Zeitbeschränkung. Das knappe Gut in reichen Gesellschaften ist nicht das Einkommen, sondern die Zeit, es zu verbrauchen.

Wenn Menschen in reichen Gesellschaften gleichwohl danach streben, ihr Einkommen zu steigern, davon war Smith überzeugt, dann tun sie es in erster Linie nicht, um mehr zu konsumieren, sondern um anderen zu imponieren, ein Verlangen, das der einfache „homo oeconomicus" nicht kennt. Aber können alle allen anderen gleichzeitig immer mehr imponieren? Wer glaubt, sein Glück über die Jagd nach Reichtum verfolgen zu müssen, der unterliege einer Täuschung, lässt uns der schottische Moralphilosoph und Ökonom wissen.

PRODUKTDIVERSITÄT DES KAPITALS VS. „DURCHSCHNITTLICHE PRODUKTIONSPERIODE"

Das zweite Beispiel bezieht sich auf einen berühmten Aufsatz Paul Romers zur Theorie des endogenen wirtschaftlichen Wachstums (Romer 1990). Die einschlägige Literatur ist überwiegend makroökonomisch und kennt nur ein Gut als Zielgröße, das Sozialprodukt, obgleich seit Smith, Gossen und dem Wachstumsforscher Simon Kuznets bekannt ist, dass aufgrund existierender Sättigungsgrenzen in Bezug auf jedes einzelne Gut nur über eine ständige Ausdehnung der Gütervielfalt Wachstum überhaupt möglich ist. Die ständige Ausdehnung der Warenwelt geht einher mit einer immer tieferen gesellschaftlichen Arbeitsteilung, einer immer größeren Vielfalt an produzierten Produktionsmitteln und steigender Arbeitsproduktivität. Den letztgenannten Aspekt versucht Romer mittels einer „Produktdiversitäts"-Spezifikation des physischen Kapitals einzufangen. Er formalisiert diesen Aspekt unter Rückgriff auf ein Modell monopolistischen Wettbewerbs in Bezug auf Konsumgüter von Dixit und Stiglitz.

Romer zufolge wird ständig neues Wissen entwickelt und in Gestalt neuer Typen von Kapitalgütern bzw. „industrial designs" zum Einsatz gebracht. Diese treten zu den existierenden hinzu und steigern die Ergiebigkeit der Produktion.

"The unusual feature of the production technology assumed here is that it disaggregates capital into an infinite number of distinct types of producer durables. ... Only a finite number of these potential inputs, the ones that have already been invented and designed, are available or use at any time." (Romer 1990, 80)

Das Endprodukt wird annahmegemäß entsprechend der folgenden Erweiterung einer Cobb-Douglas-Funktion produziert,

$$Y(H_Y, L, x) = H_Y^a \, L^\beta \sum_{i=1}^{\infty} x_i^{\,1-a-\beta}$$

mit H_Y als dem in der betreffenden Industrie eingesetzten Humankapital, L als der Zahl der dort beschäftigten Arbeitskräfte sowie $\sum_{i=1}^{\infty} x_i^{\,1-a-\beta}$ als dem Einsatz intermediärer Produkte, das heißt spezifischer Kapitalgüter (im Unterschied zum auch als Kapitalgut verwendbaren Endprodukt). Zu einem gegebenen Zeitpunkt gibt es nur eine endliche Zahl A von Zwischenprodukten, sodass $x_i = 0$ ist für alle $i > A$. Der Endproduktoutput ist demnach eine additiv separierbare Funktion der verschiedenen Zwischenprodukte.

Wie heterogen ist das Wissen und sind seine Verkörperungen in Gestalt der ihrer Zahl nach unbegrenzt vielen Zwischenprodukte im Modell Romers wirklich? In der Beschreibung der produktionstechnischen Annahmen zeigt sich, dass von den Inputs her in keinem einzigen Fall eindeutig auf das erzeugte Produkt geschlossen werden kann, weil überall die gleichen Inputproportionen zum Einsatz kommen. Insbesondere gibt es die unterstellte Verschiedenheit produzierter Produktionsmittel nur dem Schein nach. Da in ihre Erzeugung physisch nur Mengen des Endproduktes eingehen, die dem Konsum vorenthalten werden, verkörpern sie nur dieses Endprodukt, und da annahmegemäß keines der Zwischenprodukte je ökonomisch obsolet wird, verkörpern sie es genau proportional zum involvierten Konsumverzicht. Das bestehende Kapital ist daher gleich der kumulierten Konsumsagung. Verschiedene Kapitalgüter – so Romers Annahme

– können ohne Weiteres, das heißt ohne Kenntnis der relativen Preise und damit der Höhe der Kapitalverzinsung, aggregiert werden.[10]

Romer ist sich der Problematik der von ihm aufgetürmten kühnen Annahmen bewusst. Er wischt sie jedoch mit folgender Bemerkung vom Tisch:

"Nonetheless, the general results here should be robust to more careful modeling of the nature of the interaction between different specialized producer durables." (Romer 1990, 85)

Idee und Formalisierung erinnern an das Konzept der „Mehrergiebigkeit längerer Produktionsumwege", wie es von Vertretern der österreichischen Schule und insbesondere von Eugen von Böhm-Bawerk in Deutung

des Smith'schen Konzeptes einer zunehmenden gesellschaftlichen Arbeitsteilung entwickelt worden ist.[11] Böhm-Bawerk versuchte das Problem der Heterogenität (und wachsender Heterogenität) des Kapitals mittels des Konzeptes der „durchschnittlichen Produktionsperiode" zu lösen. Mit ihrer Hilfe sollten heterogene Kapitalgüter für einzelne Industrien bzw. für die Wirtschaft insgesamt unabhängig von ihren Preisen und damit vom Stand der Einkommensverteilung zu einer skalaren Größe – der „Kapitalmenge" – aggregiert werden können. Über die relative Knappheit dieser Kapitalmenge sollte dann – gewissermaßen als krönender Abschluss der Theorie – der Zinssatz (alias die allgemeine Profitrate) bestimmt werden. Böhm-Bawerks Ver-

such ist jedoch, wie bereits Wicksell festgestellt hat (vgl. Kurz 2000), misslungen: Es gibt, von uninteressanten Spezialfällen abgesehen, keine Möglichkeit, die Kapitalmenge eines einzelnen Sektors oder der Ökonomie insgesamt auf diese Weise konsistent zu bestimmen (vgl. auch Kurz und Salvadori, 1995, Kap. 14).[12]

Wie geht nun aus dieser Perspektive betrachtet Romer mit dem Problem der Vielfalt und der wachsenden Vielfalt von Kapitalgütern um? Er setzt, so könnte man mit einer gewissen Freizügigkeit sagen, an die Stelle der durchschnittlichen Produktionsperiode Böhm-Bawerks eine Art von „absoluter Produktionsperiode", sein A. Wirtschaftliche Entwicklung bedeutet, dass diese absolute Produktionsperiode immer länger, das heißt A immer größer wird. Da er jedoch annimmt, dass jedes der Zwischenprodukte ewiges ökonomisches Leben aufweist, müssen diese nicht

---

[10] Das Konsumgut geht annahmegemäß direkt in jedes der Zwischenprodukte ein. Würde es direkt und indirekt im Sinne einer zeitlich gestaffelten Sequenz von Inputs eingehen, so würden die bezüglich der verschiedenen Zwischenprodukte aufzustellenden Reduktionsreihen auf datierte Konsumgutmengen völlig identische Zeitprofile aufweisen müssen. Nur dann wären die Werte der Zwischenprodukte proportional den in ihrer Produktion bei positiver Kapitalertragsrate direkt und / oder indirekt eingehenden Mengen des Konsumgutes.

[11] Das Problem der österreichischen Deutung des Smith'schen Konzeptes besteht darin, dass ein genuin dynamisches Konzept spätestens bei Böhm-Bawerk zu einem statischen degeneriert. Während bei Smith die zu *verschiedenen* Zeitpunkten verfügbaren Techniken (als Resultat der sich bei ausweitenden Märkten ergebenden Lernprozesse sowie der technologischen Verbesserungen über die tiefere Arbeitsteilung) angesprochen werden, geht es bei Böhm-Bawerk um die Beschreibung alternativer technischer Möglichkeiten zu einem *gegebenen* Zeitpunkt.

[12] Böhm-Bawerk geht bei der Aggregation des in die Erzeugung der verschiedenen Kapitalgüter eingehenden Stromes an datierten Arbeitsmengen von einfachen Zinsen aus, obgleich seine Annahme freier Konkurrenz Zinseszins verlangen würde. Unterstellt man indes richtigerweise Zinseszins, dann sieht man sofort die Unhaltbarkeit seiner Konstruktion.

ständig wiederersetzt werden: Einmal erzeugt, sind sie wie unvergänglicher Grund und Boden. Dies ist der zweite und mit dem ersten eng verknüpfte Unterschied zum Konzept Böhm-Bawerks: Während dieser nur zirkulierendes Kapital berücksichtigt hatte, lässt Romer nur extrem fixes – ewig währendes – zu. Romer lädt die Leserinnen und Leser dazu ein, sich A als die Zahl an „Designs" vorzustellen und den gesamtwirtschaftlichen Bestand an Zwischenprodukten als die „Summe dieser Designs". Es bleibt jenseits der überaus kühnen Annahmen Romers – sie sind meiner Einschätzung nach kaum weniger kühn als diejenigen Böhm-Bawerks – jedoch unklar, was die Summe derartiger „Blaupausen" bedeuten soll. Es werden ganz augenscheinlich, wie man so sagt, Äpfel und Birnen (ohne Dazwischenschaltung von Preisen) addiert. Der Zweck des Unterfangens indes ist klar: Es schafft einem das leidige Problem der Heterogenität des Kapitals vom Hals, nicht jedoch, indem dieses in theoretisch befriedigender Weise gelöst werden würde, sondern indem es per Annahme als inexistent ausgewiesen wird.

Die Art und Weise, wie sich Romer die Verlängerung der Produktionsperiode vorstellt, ist merkwürdig. Da jedes der Zwischenprodukte, einmal erfunden und erzeugt, technisch und ökonomisch unsterblich ist, wird es niemals von einem besseren Produkt verdrängt werden. Ein Beispiel mag dies verdeutlichen. Im alten Ägypten wurde Weizen mittels des Grabstockes hergestellt. Heute, so die modelltheoretische Vorstellung, wird es mittels zahlreicher simultan eingesetzter Werkzeuge, vom Grabstock über den Pflug, Ochsen, Traktor usw. bis hin zur Agromaschine, hergestellt. Hierbei handelt es sich um eine extreme Sicht der Dinge. Den österreichischen Ökonomen wäre sie wohl zu extrem gewesen, da neue Wissenspartikel häufig der Feind alter Partikel sind, neue Kapitalgüter alte aus dem Feld schlagen.

FINANZMÄRKTE – EFFIZIENT ODER NICHT?

Unser drittes Beispiel führt uns zur Theorie der Finanzmärkte. Die Hypothese vom effizienten Markt ist in neuerer Zeit insbesondere von Chicagoer Ökonomen vertreten worden und hat – zumindest bis zum Ausbruch der jüngsten Finanzmarktkrise – immer mehr Anhänger gefunden.[13] Die „Vision" der Chicago School lautet: Rationale Akteure bilden sich unter Verwendung aller ihnen zur Verfügung stehenden Informationen „rationale Erwartungen" über zukünftige Zustände der Welt. Sie interagieren auf interdependenten und perfekt funktionierenden Wettbewerbsmärkten mit profitabel arbeitenden Unternehmungen, geleitet von ebensolchen rationalen Akteuren. Diese Märkte, sich selbst überlassen, erzeugen effiziente Resultate in dem Sinn, dass alle verfügbaren produktiven Ressourcen (Arbeit, Kapitalgüter usw.) in optimaler Weise beschäftigt werden und ein größtmögliches Volumen sowie eine bestmögliche Zusammensetzung des erzeugten Sozialproduktes generieren.[14]

Der Chicagoer Ökonom Eugene Fama hat die „efficient market hypothesis" in Bezug auf Finanzmärkte entwickelt. Derartige Märkte, so die Auffassung, spiegeln adäquat die verfügbaren Informationen der auf

---

[13] Die folgenden Ausführungen basieren zum Teil auf Kurz 2010c.

[14] Ein bedeutendes Moment der Chicagoer Sicht der Dinge ist die These von der Ineffizienz des Staates, auf die hier jedoch nicht näher eingegangen wird.

ihnen tätigen Akteure wider. Unter der Annahme stochastischer Entwicklungen bedeutet dies eine allenfalls zufällige und vorübergehende Abweichung der Finanzmarktwerte von den die Fundamentaldaten der betreffenden Firmen, Fonds usw. wiedergebenden Werten. Individuen fällen Entscheidungen, als ob sie den zugrundeliegenden stochastischen Prozess, der die Evolution der Preise regelt, kennten. So ist der Wert einer Aktie bestimmt durch die Summe der diskontierten zukünftigen Dividenden. Die Verfügbarkeit einer neuen Information hinsichtlich der Fundamentalvariablen ist offenbar nur dann mit der fraglichen Sicht zu vereinbaren, wenn die neue Information vollkommen unvorhersehbar war, denn andernfalls hätte sie einer der Akteure vorhergesehen und zu seinem Vorteil genutzt. Letztlich muss es sich um zufällige Schocks handeln, die einen Mittelwert von null aufweisen. Irreführungen des Marktes wie zum Beispiel anlässlich der Schlacht von Waterloo und generell Insider-Trading sind ausgeschlossen.[15] Die Standardauffassung

in der Finanzmarkttheorie unterstellt, dass die Evolution der Preise von Finanzaktiva einem Random Walk bzw. einer Brown'schen Bewegung folgt. Diese Vorstellung liegt dem Black-Scholes-Modell zugrunde (vgl. Kirman 2010, Kapitel 4).

Die Fama'sche Hypothese hat zweifellos das Vertrauen in die Funktionstüchtigkeit und Stabilität der Finanzmärkte erheblich gestärkt und der Deregulierung der Finanzmärkte den Weg geebnet.

Wie aber erklärt man sich dann plötzliche Kehrtwendungen des Marktes, schnell aufschießende Kurse, gefolgt von steilen Abstürzen (und umge-

kehrt), wie sie wiederholt beobachtet werden können? Offenbar lässt das intellektuelle Korsett der Effizienzmarkthypothese nur eine Art der Erklärung zu: Bei den großen Ausschlägen der einen oder anderen Art muss es sich um Reaktionen des Marktes auf große *exogene* Schocks handeln. Beim Versuch, die fraglichen Schocks im Nachhinein zu identifizieren, hat sich jedoch gezeigt, dass an entscheidenden Wendepunkten der Entwicklung an den Börsen keinerlei derartige Schocks ausgemacht werden konnten. Es sind keinerlei Informationen über Änderungen in den fundamentalen Variablen plötzlich in Umlauf geraten, die die Ausschläge und Kehrtwendungen begründen könnten. Hinter der Entwicklung müssen offenbar andere Gründe stehen.

Angesichts des Unvermögens der Standardtheorie, plausible Erklärungen für das Auf und Ab an den Börsen zu geben, ist es seit einiger Zeit zu Versuchen gekommen, Wendepunkte *endogen* zu erklären. Dies geschieht mittels Modellen, die die Arbeitspferde der Standardtheorie – insbesondere den „repräsentativen Akteur" und rationale Erwartungen – entlassen und stattdessen die Entscheidungen und Handlungen

---

[15] Anlässlich der Schlacht von Waterloo am 18. Juni 1815 streifte ein Bankhaus bekanntlich saftige Gewinne am London Stock Exchange ein. Es war unter Verwendung von Brieftauben vor allen anderen Anlegern darüber informiert worden, dass die Schlacht gegen Napoleon gewonnen worden war. Das Bankhaus verkaufte daraufhin englische Staatsanleihen. Dieser Verkauf ist von anderen Händlern dahingehend gedeutet worden, dass die Schlacht verloren worden war, und hat zu Panikverkäufen und einem merklichen Verfall der Kurse der Staatsanleihen geführt. Rechtzeitig vor dem Eintreffen der wahren Information hat das Bankhaus dann Staatsanleihen in großer Menge aufgekauft und nach Bekanntwerden der Siegesmeldung von dem sich schnell wieder erholenden Kursen profitiert. Anlässlich der Schlacht von Waterloo hat bekanntlich auch David Ricardo ein beträchtliches Vermögen gemacht (vgl. Kurz 2008).

multipler, das heißt verschieden-artiger Akteure, die voneinander lernen bzw. einander in gewissen Situationen imitieren, zu erfassen suchen. Diese Akteure besitzen nur beschränkte Kenntnis von der Funktionsweise des Systems und versuchen sich in einer bestenfalls stückweise verstandenen Welt zurechtzufinden. Zwischen ihnen kommt es zu einem ständigen Informations- und Deutungsaustausch bezüglich dessen, was an der Börse passiert. Der Handel ist sequenziell, und Beobachtungen von Käufen und Verkäufen anderer nehmen Einfluss auf das eigene Tun. In diesen Ansätzen spielen Ansteckung („contagion") und Herdenverhalten („herding behaviour") eine bedeutende Rolle und führen endogen, aus dem System heraus, zu Blasen und Zyklen.

Es gibt gute Gründe für die Annahme, dass kein Akteur an der Börse die „richtige" Sicht der fundamentalen Variablen besitzt. Und selbst wenn es ihn gäbe, nennen wir ihn den „Erleuchteten", was würde es ihm helfen, wenn das Gros der Unerleuchteten die Kurse bestimmt? Wichtiger noch, als die Fundamentaldaten zu kennen, wäre es, die „Verrücktheiten" der an der Börse

Agierenden zu antizipieren.[16] Dabei kann keineswegs angenommen werden, dass sich diese Verrücktheiten im Aggregat gerade kompensieren und die richtige Meinung, wie sie der Erleuchtete vertritt, ergeben. Ein Typus von Fehlmeinung mag in einer bestimmten Situation mehrheitsfähig werden, das heißt zahlreiche Akteure, die bislang andere Meinungen vertreten haben, zur Aufgabe dieser und zur Übernahme der erstgenannten Meinung bewegen. Imitation also auch hier. Eine für erfolgreich gehaltene Deutung (bzw. Erwartung bezüglich) der zukünftigen Kursentwicklung setzt sich durch und bewegt die Kurse in Richtung des von der Deutung angenommenen Verlaufs. Das Phänomen der sich selbst erfüllenden Erwartungen ist auf Finanzmärkten – sofern nur viele Akteure oder zumindest genügend potente darunter auf ähnliche Erwartungen einschwenken – von großer Bedeutung.

---

[16] Man erinnert sich des Seufzers Isaac Newtons Anfang des 18. Jahrhunderts nach beträchtlichen eigenen Spekulationsverlusten an der Royal Exchange: "I can calculate the motion of the heavenly bodies, but not the madness of people." (Vgl. Kurz 2010d)

Wie war es möglich, dass die These von den effizienten Finanzmärkten derart große Bedeutung in Theorie und Politik erringen konnte? Eine Teilantwort, der wir uns jetzt zuwenden, besagt, dass eine sehr frühe Kritik daran im Fach weitgehend ignoriert worden ist. Erneut zeigt sich:

Die Ökonomik ist kein reibungslos funktionierender Selektionsmechanismus, der alles, was wahr und gut ist, bewahrt und alles, was falsch und schlecht ist, ausmustert.

Wir haben gerade die Vorstellung kennengelernt, dass die Teilnehmerinnen und Teilnehmer auf Finanzmärkten in ihrer Gesamtheit sich zwar irren können und Fehler machen in dem Sinne, dass die Marktwerte von den „wahren Werten" abweichen, aber dass positive und negative Fehler gleich häufig vorkommen (und durchschnittlich gleich groß sind). Auf die Dauer und im Durchschnitt irren sich demnach die Märkte nicht, sondern spiegeln auf adäquate Weise die fundamentalen Variablen wider.

Diese Idee ist nicht neu, sondern findet sich bereits in der Dissertation des französischen Mathematikers Louis Bachelier, die im Jahr 1900 unter dem Titel *Théorie de la spéculation*

Abb. 1 und 2: Darstellungen der Ansteckung und Herdenverhalten in Rabelais' Gargantua und Pantagruel.

veröffentlicht worden ist (Bachelier 1900). Einer der Prüfer anlässlich von Bacheliers Defensio war der große Henri Poincaré. Dieser soll sich von der Arbeit nur mäßig beeindruckt gezeigt haben. Soweit das Argument reiche, sei es in Ordnung, aber es reiche nicht weit genug. Weshalb kann angenommen werden, dass die zufälligen Fehler überhaupt einem und dann genau diesem Gesetz gehorchen? Die Annahme basiert auf folgenden impliziten Hypothesen. Der begangene (Gesamt-)Fehler ist das Ergebnis sehr vieler einzelner und voneinander unabhängiger Fehler. Jeder dieser einzelnen Fehler ist sehr klein und folgt unterstelltermaßen irgendeinem Wahrscheinlichkeitsgesetz. Wichtig ist nun, dass die Wahrscheinlichkeit eines Fehlers die gleiche sein muss wie die Wahrscheinlichkeit eines gleich großen Fehlers mit entgegengesetztem Vorzeichen. Diese Bedingung *kann* erfüllt sein, sie muss es aber nicht. Woher weiß man, dass und wann sie erfüllt ist? Man weiß es natürlich nicht, man nimmt es einfach an (vgl. Poincaré 1902).

Poincarés Haupteinwand ist indes ein anderer: Bachelier übersehe, dass der Mensch ein „mouton de Panurge" ist – ein Herdentier. Der Mensch folgt unter gewissen Umständen anderen Menschen, und selbst wenn diese einzeln nur geringe Fehler machen sollten, von Bedeutung ist die Kumulierung gleicher Fehler durch eine große Zahl von Menschen. Da mit Herdenverhalten immer gerechnet werden müsse, haben wir es mit einem systematischen Fehler zu tun, der mit der These vom effizienten Markt nicht vereinbar ist.[17]

---

[17] Der Begriff „mouton de Panurge" findet sich im vierten Buch der von François Rabelais (1494–1553) in den Jahren von 1534 bis 1552 veröffentlichten vier Bücher des *Gargantua und Pantagruel*. Die Hauptperson der hier interessierenden Episode, Panurge, befindet sich auf einer Seereise. Das Schiff transportiert Hammelherden samt ihren Besitzern. Vom grobschlächtigen Besitzer einer Herde wird Panurge übel beleidigt. Panurge sinnt auf intelligen-

SCHLUSSBEMERKUNG

In gewisser Weise, so können wir abschließend sagen, bringt die moderne Ökonomik nicht nur genuin Neues und Besseres hervor, das freilich auch und in nicht geringem Umfang, sondern sie erfindet das sprichwörtliche Rad immer aufs Neue. Genauer: Es werden elegantere Räder erfunden, die heutigen ästhetischen Ansprüchen – dem heutigen Stil ökonomischen Räsonierens – genügen.

Nur was unmittelbar nützlich sei, so ein modernes Credo, verdiene es, an den Universitäten gelehrt zu werden. Dagegen ist schwerlich etwas einzu-

---

te Rache. Schließlich kauft er dem Besitzer für einen weit überhöhten Preis den Leithammel ab und wirft sein neu erworbenes Eigentum ohne Vorwarnung ins Meer, wo der Hammel jämmerlich ertrinkt. Alle anderen Hammel folgen dem Leithammel und springen gleichfalls ins Meer. Sie reißen ihre Besitzer, die sie aufhalten wollen, mit sich, sodass diese auch ertrinken. „Sie aufzuhalten war nicht möglich, [da] es der Schafe Natur ist, immer dem Leithammel nachzulaufen, wohin er auch gehen mag. Sagt drum auch Aristoteles, *lib. IX, de Histo. animal.*, das Schaf sei das dümmste und blödeste Vieh der Welt." (Rabelais 1968, 854) Wenn das Schaf das dümmste und blödeste Vieh der Welt ist, dann steht ihm der Mensch diesbezüglich, wie die Geschichte, aber auch Vorgänge an der Börse immer wieder zeigen, offenbar in nicht viel nach.

wenden. Aber was bedeutet es? Das Studium der alten Meister bereitet erfahrungsgemäß vielen Studierenden und Lehrenden unmittelbar großes Vergnügen. Und es immunisiert über die Kenntnisnahme einer Vielfalt von Betrachtungsweisen und Aspekten bis zu einem gewissen Grad gegen Ideologien und beugt auf diese Weise der wirtschaftswissenschaftlichen Blasenbildung vor. Die Auseinandersetzung mit den großen Geistern der Ökonomik ist für viele eine Quelle direkten Vergnügens, geistiger Bereicherung und der Wappnung gegen Formen intellektueller „irrational exuberance" (Shiller). Eine Befassung mit Theoriegeschichte, so können wir im Jargon der Ökonomen schließen, ist sowohl direkt als auch indirekt wohlfahrtsteigernd.

LITERATUR

Bachelier, Louis (1900): Théorie de la Spéculation, in: *Annales Scientifiques de l'École Normale Supérieure*, 3ème série 17, 21–86. Wiederabdruck 1995, Paris.

Blinder, Alan S. (1987): Keynes, Lucas, and Scientific Progress, in: *American Economic Review* 77 (2), 130–136.

Easterlin, Robert A. (1974): Does economic growth improve the human lot? Some empirical evidence, in: David, P. und Reder, M. (Hg.): *Nations and Households in Economic Growth: Essays in Honor of Moses Abramovitz*. Palo Alto, 98–125.

Gossen, Hermann Heinrich. (1854): *Entwickelung der Gesetze des menschlichen Verkehrs, und der daraus fließenden Regeln für menschliches Handeln*. Braunschweig.

Independent Evaluation Office of the International Monetary Fund (IEO) (2011): *IMF Performance in the Run-Up to the financial and Economic Crises: IMF Survneillance in 2004–07*. January 10, 2011, Washington.

Keynes, John Maynard (1936): *The General Theory of Employment, Interest and Money*. London.

Kindleberger, Charles (1978): *Manias, Panics, and Crashes. A History of Financial Crises*. 1. Aufl. (5. Aufl. 2005). New York.

Kirman, Alan (2010): *Complex Economics. Individual and Collective Rationality. The Graz Schumpeter Lectures*. London.

Kurz, Heinz D. (1998): Against the current: Sraffa's unpublished manuscripts and the history of economic thought, in: *European Journal of the History of Economic Thought* 5 (3), 437–451.

Kurz, Heinz D. (2000): Wicksell and the problem of the "missing equation", in: *History of Political Economy*, 2000/32, 765–88.

Kurz, Heinz D. (2008): David Ricardo, in: Kurz, H. D. (Hg.): *Klassiker des ökonomischen Denken*s, Bd. 1. München, 120–139.

Kurz, Heinz D. (2009): Wer war Hermann Heinrich Gossen (1810–1858), in: *Schmollers Jahrbuch*, 129 (1), 1–28.

Kurz, Heinz D. (2010a): Die Ökonomik ist doch kein Aschenputtel, in: *Frankfurter Allgemeine Zeitung*, 19. Juli 2010, Nr. 164, 12.

Kurz, Heinz D. (2010b): Aiming for a "Higher Prize". Paul Anthony Samuelson (1915–2009), in: *European Journal of the History of Economic Thought* 17 (3), 513–520.

Kurz, Heinz D. (2010c): Unnütze Fragen und Randnotizen zum Problem der Unternehmensbewertung. Oder: Praxisorientierung verlangt rücksichtslose Abstraktion, in: Königsmaier, H. und Rabel, K. (Hg.): *Unternehmensbewertung: Theoretische Grundlagen – Praktische Anwendung. Festschrift für Gerwald Mandl zum 70. Geburtstag*. Wien, 391–408.

Kurz, Heinz D. (2010d): Einige Überlegungen zu Sir Isaac Newtons Ausspruch: I can calculate the movements of the heavenly bodies, but not the madness of people, in: Bohunovsky-Bärnthaler, I. (Hrsg.): *Was ist die Wirklichkeit wirklich?* Klagenfurt, Wien, 236–266.

Kurz, Heinz D. (2011): David Hume. Von der „Natur des Menschen" und der „kommerziellen Gesellschaft". Oder: Über „Nebenwirkungen" und „wirkliche Ursachen", in: *Aufklärung und Kritik,* Heft 1 2011, Schwerpunkt David Hume.

Kurz, Heinz D. und Salvadori, Neri (1995): *Theory of Production. A Long-period Analysis.* Cambridge.

Lucas, Robert E. (2003): Macroeconomic priorities, in: *American Economic Review* 93 (1), 1–14.

Lucas, Robert E. (2004): My Keynesian education, in: de Vroey, M. und Hoover, K. (Hg.): *The ISLM Model: Its Rise, Fall and Strange Persistence.* Annual Supplement zu Bd. 36 von *History of Political Economy.* Durham (NC).

Poincaré, Henri (1902) : *La Science et l'Hypothèse.* Paris.

Posner, Richard (2009): How I became a Keynesian. Second thoughts in the middle of a crisis, in: *The New Republic,* September 23.

Rabelais, François (1968): *Gargantua und Pantagruel,* Bd. 2. München.

Romer, Paul (1990): Endogenous technological change, in: *Journal of Political Economy* 98, 71–102.

Samuelson, Paul A. (1962): Economists and the History of Ideas, in: *American Economic Review* 52, 1–18.

Samuelson, Paul A. (1966 ff.): *The Collected Scientific Papers of Paul A. Samuelson.* Fünf Bände, verschiedene Herausgeber; Cambridge (MA), London. Im Text abgekürzt als *CSPPAS.*

Samuelson, Paul A. (1983): *Foundations of Economic Analysis. Enlarged Edition.* Cambridge (MA), London. 1. Aufl. 1947.

Samuelson, Paul A. (2003): *How I became an economist, 1970 laureate in economics biography,* 5 September 2003, in: https://www.nobelprize.org/prizes/economic-sciences/1970/samuelson/article/.

Schumpeter, Joseph A. (1954): *History of Economic Analysis.* London.

Smith, Adam (1758): *The Theory of Moral Sentiments* (1. Aufl. 1758), in: *The Glasgow Edition of the Works and Correspondence of Adam Smith,* Bd. I. Glasgow 1976.

Vint, John / Metcalfe, J. Stanley / Kurz, Heinz D. / Salvadori, Neri / Samuelson, Paul A. (Hg.) (2010): *Economic Theory and Economic Thought. Essays in Honour of Ian Steedman.* London, New York.

Voltaire (2007): *Candide oder Der Optimismus.* Stuttgart.

DAS VERHÄLTNIS DER PHILOSOPHIE ZU IHRER GESCHICHTE UND DIE GEISTES-WISSENSCHAFTEN

GUNTER SCHOLTZ

Da in der Philosophie das Verhältnis zu ihrer Geschichte zum Kernbestand ihrer zentralen Themen gehört, kann und muss ich mich hier auf zwölf Thesen beschränken. Ich versuche, mich dafür an der Entwicklung der Philosophiegeschichtsschreibung zu orientieren.

DIE PHILOSOPHIEGESCHICHTE BIETET EINE GROSSE FÜLLE VON FRUCHTBAREN GEDANKEN, DIE FÜR DIE GEGENWART VON GROSSER BEDEUTUNG SEIN KÖNNEN. SIE GEHÖRT DESHALB ZUR GEGENWARTSPHILOSOPHIE HINZU

Eine intensive Philosophiegeschichtsschreibung, die divergente Schulen und Systeme darstellt, entstand erst im Zeitalter der Aufklärung. Allein Johann Jacob Brucker publizierte in der Mitte des 18. Jahrhunderts gut

Gunter Scholtz ist em. Professor für Philosophie an der Ruhr-Universität Bochum. Seine Publikationen gelten der Theorie der Geisteswissenschaften sowie der Geschichts-, Religions- und Kunstphilosophie.

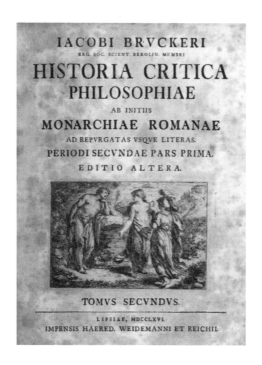

Abb. 1: Titelblatt und Frontispiz von J. J. Bruckner: Historica critica philosophiae, Bd. 1.

20.000 Seiten über die Geschichte der Philosophie, und seine Ergebnisse wurden in Frankreich in die große Enzyklopädie aufgenommen.[1]

So wie die modernen Naturwissenschaften immer umfassender und genauer die Phänomene der Natur erforschten, so wandte man sich auch

mit wachsendem Interesse allen Bereichen der menschlichen Geschichte zu – also auch jener der Philosophie. Aber der wichtigste Grund für die Wende zu ihrer Geschichte war vermutlich ihre neue Rolle in der Gesellschaft. Im Zeitalter der Aufklärung hatte sie wachsend beansprucht, Recht und Religion, also die wichtigsten Orientierungssysteme, der Kontrolle der Vernunft zu unterstellen, und zwar vor allem durch die Ausbildung des Naturrechts und der natürlichen Religion, also durch das „natürliche System der Geisteswissenschaften", wie Dilthey das ausdrückte.[2] Im Verbund mit den Wissenschaften stellte die Philosophie damit den Anspruch, innerhalb der Kultursysteme die Herrschaft zu übernehmen. Auf dem Höhepunkt der Aufklärung hielt Kant fest: „Unser Zeitalter ist das eigentliche Zeitalter der Kritik, der sich alles unterwerfen muß."[3]

---

[1] Braun, Lucien (1990): *Geschichte der Philosophiegeschichte* (Darmstadt), 131 ff. Allein Bruckers Hauptwerk umfasst 6.125 Seiten, zu denen jeweils noch umfängliche Register hinzukommen. Brucker, Johann Jacob (1742–1747): *Historia critica philosophiae*, 6 Bde., (Leipzig) (Repr. Hildesheim, New York, 1975).

[2] Dilthey, Wilhelm: Das natürliche System der Geisteswissenschaften im 17. Jahrhundert. *Gesammelte Schriften*, Bd. 2 (Leipzig, Berlin 1921), 90–246.

[3] Kant, Immanuel (1781): *Kritik der reinen Vernunft*. Vorrede zur ersten Auflage, A XI, Fußnote.

Durch diese Aufgabe geriet die philosophische Vernunft unter ganz neuen Legitimationsdruck, und dieser dürfte das heimliche Hauptmotiv für die Arbeit an ihrer Geschichte gewesen sein. Diese konnte das große Erbe und die Bedeutung der philosophischen Vernunft deutlich machen. Für alle philosophisch Interessierten hatte – und hat noch immer – solche Geschichte großen Nutzen. Sie enthält einen viel größeren Gedankenreichtum als die Philosophie der Gegenwart. Bis heute wird sie als Arsenal von anregenden Überlegungen oder als Sammlung von Beispielen für Irrwege genutzt.

UNABHÄNGIG DAVON, OB MAN IN IHRER GESCHICHTE FORT-SCHRITTE, STILLSTAND ODER RÜCKSCHRITTE ERKENNT, IST EINE EINSCHÄTZUNG DER PHILOSOPHIE IN DER GEGEN-WART OHNE IHRE GESCHICHTE NICHT MÖGLICH

Heute spricht so gut wie niemand im Bereich der Philosophie von ihrem Fortschritt, sondern allenfalls von einer vertieften Selbstbesinnung. Aber auch diese wird nur durch den Bezug zu einer noch unzureichen-den Selbstreflexion deutlich. Auch wer eine neue Methode des Philoso-phierens propagiert oder alte Fragen unter eine neue Perspektive rückt, kann ihre Leistungen nur in Rela-tion zu dem Bisherigen profilieren. Vor allem schützen philosophiege-schichtliche Kenntnisse noch immer vor Niveauverlust und Mangel an Professionalität. Wurde eine Auffas-sung schon sehr gründlich kritisiert, kann man sie nicht wiederholen, ohne vorher die Kritik entkräftet zu haben, und man kann sich nicht Ein-sichten stolz zuschreiben, die schon längst von anderen geäußert wurden. Erst recht ist die Philosophiege-schichte für die Kritikerinnen und Kritiker nötig, wenn sie behaupten, die neuere Philosophie trete auf der Stelle oder habe Rückschritte gemacht. In diesem Sinne vollzog zum Beispiel Martin Heidegger eine „Destruktion der Metaphysik", eine Kritik der metaphysischen Tradition, da sie die Philosophie in die Bahn der Wissenschaften geleitet habe.[4] In anderer Weise kritisierte Theodor W. Adorno die Gegenwartsphiloso-phie, als er gelegentlich sagte, wir sollten nicht fragen, was uns Hegel heute noch bedeutet, sondern was un-sere Philosophie heute im Vergleich zur Hegel'schen Philosophie sei.[5]

DAS VERHÄLTNIS DER PHILOSO-PHIE ZU IHRER GESCHICHTE IST GRUNDLEGEND ANDERS ALS DAS IN DEN NATURWISSENSCHAFTEN

1791 schrieb die Berliner Akademie die Frage aus: „Welches sind die wirk-lichen Fortschritte, die die Metaphysik seit Leibnizens und Wolf's Zeiten in Deutschland gemacht hat?" Damit gab sie zu erkennen, dass man auch von der Philosophie Fortschritte er-wartete und dass diese nur durch den Rückgriff auf die bisherige Geschichte erweisbar waren. Die Frage zeigt aber auch, dass man – anders als im Be-reich empirischen Wissens – am Fort-schritt der Metaphysik Zweifel hatte, und hier deutete sich eine Trennung von Philosophie und Wissenschaften an. Kant hatte schon zehn Jahre zuvor mit seiner *Kritik der reinen Vernunft*

---

4 Heidegger, Martin (1960): *Sein und Zeit*, 9. Aufl. (Tübingen), 22 ff. Vetter, Helmuth (2014): *Grundriss Heidegger. Ein Handbuch zu Leben und Werk* (Hamburg), 47 ff.

5 Adorno, Theodor W. (1971): Drei Studien zu Hegel. *Gesammelte Schriften*, Bd. 5 (Frankfurt am Main), 251.

seine Antwort auf jene Frage gegeben: Die Metaphysik im Sinne von Leibniz und Wolf hat nicht nur keinerlei Fortschritte erzielt, sondern sie hat sich sogar als völlig unmöglich erwiesen, da sie die prinzipiellen Grenzen der menschlichen Vernunft missachtete. Die Prinzipienwissenschaft könne nun keine Metaphysik im tradierten Sinne mehr sein, die von Substanzen und Gottesbeweisen ausgeht, sondern müsse zur Transzendentalphilosophie werden, welche die begrenzte Leistungsfähigkeit der Vernunft einsieht und beschreibt. Überzeugt, dafür die Grundlagen geschaffen zu haben, konnte er beanspruchen, einen Fortschritt auf dem Weg der Selbsterkenntnis der Vernunft erreicht zu haben: Sie weiß nun, was sie vermag und was nicht.

Das ist dann bei Kant auch die Grundlage für seinen Gedanken einer „philosophischen Geschichte der Philosophie", welche die früheren Formen des Philosophierens als notwendige Versuche der Vernunft begreift, die schließlich zum Kritizismus und somit zur kritischen Selbsteinsicht gelangt.[6] Da die

Philosophiegeschichte – so betrachtet – das Werden der Selbsterkenntnis der Vernunft darlegt, ist sie für die Philosophie nichts Äußeres, nichts Gleichgültiges, sondern gehört jetzt konstitutiv zur systematischen Philosophie hinzu, sie ist nicht nur nützlich, sondern notwendig und unverzichtbar.[7]

Dieses Bemühen Kants, die Philosophiegeschichte philosophisch zu betrachten und mit dem eigenen Philosophieren zu verbinden, blieb mit Recht bis in die Gegenwart erhalten. Nur haben schon bald Philosophen wie zum Beispiel Hegel die geschichtlichen Positionen ganz anders interpretiert als Kant. Kaum jemand würde heute wie Kant beanspruchen, die älteren Philosophen besser zu verstehen, als sie sich selbst verstanden haben. Aber mit Kant müssen wir zugeben, dass die Philosophie auch das erinnern muss, was sie nicht als vollkommen richtig affirmieren kann, ja dass die Unterscheidung „richtig – falsch" der Philoso-

phie insgesamt noch nicht gerecht wird (siehe auch unten These 12).

Die Philosophie hat deshalb eher eine gewisse Nähe zu den Geisteswissenschaften, wenngleich auch diese ihre eigene Geschichte oft ausklammern. Denn während Biologen vom Labor in die Bibliotheken und von der Beobachtung zur Lektüre wechseln müssen, wenn sie Wissenschaftsgeschichte treiben möchten, bleiben die Theologen und Juristen bei der historischen Erkundung ihrer Fächer ähnlich wie die Philosophen weitgehend in ihrem Metier. Eine Ähnlichkeit zeigt die Philosophie auch mit der Geschichtswissenschaft. Denn so, wie sich die Philosophie philosophisch mit ihrer Geschichte befasst, so macht die Geschichtswissenschaft die Historiografie und die Historik zum Gegenstand ihrer historischen Forschung.

DA DIE PHILOSOPHIE MIT DER GESAMTEN KULTUR VERFLOCHTEN IST, DIENT DAS STUDIUM IHRER GESCHICHTE DEM VERSTÄNDNIS DER ALLGEMEINEN GESCHICHTE UND DER GEGENWART

Als wichtigster Repräsentant einer geschichtsphilosophischen Betrach-

---

[6] Kant, Immanuel: *Kritik der reinen Vernunft*, B 880-884. Derselbe: Lose Blätter zu den Fortschritten der Metaphysik, Akademieausgabe, Bd. 20 (Handschriftlicher Nachlass Bd. 7), 333–351.

[7] Lübbe, Hermann (1962): Philosophiegeschichte als Philosophie, in: Oehler, Klaus (Hg.): *Einsichten. Gerhard Krüger zum 60. Geburtstag* (Frankfurt am Main), 204–225.

tung der Philosophiegeschichte gilt Hegel. Aber er hat in seinen Vorlesungen die Geschichte der Philosophie von der Philosophie der Weltgeschichte abgetrennt: Die Weltgeschichte ist bei ihm das Geschäft des *objektiven* Geistes, die Philosophie hingegen Sache des *absoluten* Geistes. Diese Trennung gab indessen viel zu denken, und die Schüler bemühten sich, den Zusammenhang zu zeigen.[8] Deshalb haben andere Autoren die Philosophiegeschichte sogleich mit einer allgemeinen Kulturgeschichte oder Geschichtsphilosophie verbunden.

Wir stehen heute solchen Geschichtsphilosophien kritisch gegenüber. Aber das sollte uns nicht abhalten, darin eine berechtigte Intention zu erkennen: Die Geschichte der Philosophie dient ihrer Selbstreflexion. Gelangt man zur Überzeugung, dass die Philosophie von der allgemeinen Geschichte der Kultur nicht abgetrennt werden kann, führt die Geschichte der Philosophie auch zur Selbstreflexion der gegenwärtigen Kultur.

Das mag sehr weit hergeholt erscheinen. Aber wenn wir so verschiedene einflussreiche Stellungnahmen zur Geschichte der Philosophie und der Wissenschaften lesen wie die von Hans-Georg Gadamer, Thomas S. Kuhn oder Michel Foucault,[9] so sind das auch immer bestimmte Diagnosen unserer gegenwärtigen wissenschaftlichen Zivilisation. Dergleichen aber war stets das Hauptziel jener Philosophiegeschichten, die als Geschichtsphilosophie auftraten oder sich mit ihr sogleich verbunden hatten.

ALLE HISTORISCHEN GEISTES-WISSENSCHAFTEN PROFITIEREN VON DER PHILOSOPHIEGE-SCHICHTE, SO WIE DIE PHILOSO-PHIE AUCH DIESE WISSENSCHAF-TEN BENÖTIGT, WENN SIE NICHT INHALTSLEER WERDEN WILL

Während die Naturphilosophie die selbstständig gewordenen Wissenschaften von der Natur nicht ignorieren darf, scheinen diese die Philosophie offensichtlich nicht zu benötigen. Das war und ist im Bereich der Kulturwissenschaften etwas anders. Die Verbindung zwischen Philosophie und Wissenschaften ist hier enger. Wenn die Philosophie eine Theorie der Religion, des Staates, des Rechts, der Kunst und der Wissenschaft entwickeln wollte, musste sie seit der Zeit um 1800 auch immer deren grundlegende Umwälzungen mitbedenken. Zum Beispiel nahmen alle philosophischen Ästhetiken um 1800 zumindest den Unterschied von antiker und moderner Kunst in sich auf: Man konnte sich *systematisch* über die Kunst nicht mehr äußern, wenn man die *Geschichte* der Kunst ganz ausklammerte, da das *Wesen* einer Sache sich in sehr verschiedener Gestalt darbot. Dadurch verband sich die Philosophie auch immer mit den jetzt historisch arbeitenden Geisteswissenschaften, die sich mit der geschichtlichen Entwicklung der Kultursysteme befassten. Die Philosophie war auf deren historische Erkenntnisse ebenso angewiesen, wie sie auch die Ergebnisse der Naturwissenschaften beachten musste, wenn sie nicht inhaltsleer werden wollte. Aber andererseits lernten die

---

8   Erdmann, Johann Eduard (1834): *Versuch einer wissenschaftlichen Darstellung der Geschichte der neuern Philosophie.* Bd. 1 (Riga). Allgemeine Einleitung, §§ 2–3. Fischer, Kuno (1854): *Geschichte der neuern Philosophie,* Bd. 1 (Mannheim), bes. 21–38.

9   Gadamer, Hans-Georg (1960): *Wahrheit und Methode. Grundzüge einer philosophischen Hermeneutik* (Tübingen). Thomas S. Kuhn (1962): *The Structure of Scientific Revolutions* (Chicago). Derselbe (1971): The Relation between History and History of Science. In: *Daedalus* 100, 271–304. Foucault, Michel (1966): *Les mots et les choses* (Paris).

Geisteswissenschaften auch von der Philosophie und übernahmen von ihr orientierende Geschichtsmodelle, Grundbegriffe und Sichtweisen. Auch heute beziehen sich die Geistes- oder Kulturwissenschaften in verschiedener Weise auf philosophische Konzeptionen. Man denke an den großen Einfluss, den in diesem Bereich die Spielarten des Marxismus und die Philosophien der Postmoderne ausübten.

Die Philosophie und die Kulturwissenschaften waren schon in ihrer Entwicklung eng verbunden: Der Übergang zum Deismus als der natürlichen Religion war ebenso die Sache einer neuen Philosophie wie die Auflösung des feudalen Staatsbegriffes. Also müssen heute Religionshistorikerinnen und Religionshistoriker auch Philosophiegeschichte treiben, und die Historikerinnen und Historiker der politischen Welt dürfen neben dem Wandel der staatlichen Gebilde auch die Entwicklung der politischen Theorien nicht vergessen. Ähnliches gilt auch für die Wissenschaftstheorie. Als Theorie der Naturwissenschaften schien sie dem ungewissen Feld der Geschichte entronnen zu sein und sich auf formale Kriterien für wissenschaftliches Verfahren beschränken zu können.

Aber dann wurde durch die historische Wissenschaftsforschung deutlich gemacht, dass solche Konstruktionen nichts mit dem wirklichen Gang der Wissenschaften zu tun haben und der Wissenschaftsprozess mit vielfältigen sozialen und kulturellen Faktoren verknüpft ist, auch mit philosophischen. So führt heute ein Studium der Wissenschaftsgeschichte in der Regel auch zu einem Studium bestimmter Bereiche der Philosophiegeschichte.

SPRACHGRENZEN, DIE DURCH DAS HISTORISCHE BEMÜHEN IMMER DEUTLICHER WURDEN, LASSEN SICH AUCH NUR DURCH HISTORISCHES WISSEN ÜBERBRÜCKEN

Indem die historische Aufklärung die Denkweisen der Vergangenheit immer genauer untersuchte, entdeckte sie darin auch Unterschiede, die nicht auf die Fehler oder auf die tiefere Einsicht von einzelnen Philosophen zurückführbar waren, sondern die ganze Schulen oder sogar Epochen voneinander trennten. Solche Unterschiede zeigten sich schon und besonders in der Sprache. Jetzt hatte man erkannt, dass der Sprachwandel oft auch ein Wandel des Denkens ist. Zugleich wuchs mit dem Anspruch, ein allgemeines, grundlegendes Wissen zu vermitteln, die Einsicht, dass auch die Philosophie der Gegenwart in verschiedene Schulen und Sprachen gespalten war. Damit wurde ein wichtiges Grundgeschäft der Philosophie schwierig: das Definieren, die Einigung über Bedeutung und Gebrauch grundlegender Begriffe. Um eine fruchtbare Kommunikation mit der Vergangenheit und zwischen den gegenwärtigen Richtungen zu ermöglichen, blieb nur der Ausweg, diese Differenzen ins Bewusstsein zu heben und zu klären: durch Begriffsgeschichte. Wer dieses Sprachproblem missachtete, musste sich damit begnügen, nur die Begriffe der eigenen Schule zu definieren.

Mit der Wendung zur Sprache geriet die Philosophiegeschichte seit dem Ende des 18. Jahrhunderts methodisch in engen Kontakt mit der Philologie. Diese Nähe spiegelt sich auch in der philosophischen Hermeneutik: Sie war seit dem 17. Jahrhundert ein Teil der Logik, wurde um 1800 bei Friedrich Schlegel, Friedrich Ast und Friedrich Schleiermacher aber eine philologische Disziplin. Im Zeichen des historischen Bewusstseins also verband sich die Philosophie mit den historisch-philologischen Geisteswissenschaften. Das tat sie also nicht nur im Bereich der Universalgeschichte, die am Ende des 18. Jahrhunderts sowohl Sache der Historiker als auch der Philosophen war, sondern schon im Hinblick auf ihre eigene Sprache. Während die Philosophie sich in viele Richtungen spaltete, sodass man zuweilen ein Gespräch zwischen Leuten mit tauben Ohren zu hören meinte, macht die Begriffsgeschichte die Sprachdivergenzen bewusst und kann mit ihren Mitteln Brücken schlagen.

Das historische Vorgehen kann aber auch sehr verschiedene wissenschaftliche Disziplinen in Verbindung bringen, denn während sich die Wissenschaftslandschaft durch Spezialisierung wachsend differenziert, zeigt die historische Forschung im Spiegel der Sprachen oft ihre gemeinsamen Quellen, ihren Differenzierungsprozess und ihre wechselseitigen Einflüsse. In dieser Weise sorgt in einer Zeit der Differenzierung der Wissenschaften der Rückgang auf die historischen Wurzeln für einen Ausgleich: Er zeigt Verbindungen zwischen den verselbstständigten Disziplinen.

ES SIND DIE ALTEN PHILOSOPHIEN, WELCHE DIE MÄNGEL DER NEUEREN AUSGLEICHEN

Die Wende zur Bedeutung der Sprache für das Wirklichkeitsverständnis hatte am Ende des 18. Jahrhunderts mit dazu beigetragen, die Kant'sche Annahme einer *reinen* Vernunft zu untergraben. Es war diese Kritik am modernen Denken, welche die alten, vormodernen Philosophien neu faszinierend machte. Man wandte sich Systemen zu, die schon als endgültig widerlegt und überwunden gegolten hatten. Diese Rückwende zur Philosophie der Antike wurde begleitet und gefördert durch den Aufstieg der Altphilologie zu einer ganz zentralen Geisteswissenschaft, die an den Universitäten die Lehrstühle für Poetik und Rhetorik ersetzte. Die Erforschung und die Edition der älteren philosophischen Werke wurden ebenso zur Sache der Philosophie wie der Philologie, und das ist bis heute so.

Aufgrund der philologischen und historischen Arbeit entdeckte die Philosophie jetzt auch ganz neue Vergangenheiten, die das boten, was man in der Gegenwart vermisste. Diese Bewegung hin zum klassisch-antiken und orientalischen Denken blieb bis in die Gegenwart erhalten, da man hier fand, was die moderne, wissenschaftliche Philosophie nicht bieten konnte: Weisheit, Metaphysik, Weltdeutungen, Lebensleitung, alternative Einstellungen zur Natur – und damit auch Vergleichsmöglichkeiten für ein besseres Verständnis der eigenen, europäischen Denktradition. Fast immer geschieht die Wende zur Vergangenheit, weil die alte Philosophie inhaltlich der Gegenwart etwas zu sagen hat, was von der neuesten Philosophie ausgelassen wird oder für ihr Verständnis wichtig ist.

SCHON FÜR DIE BESTIMMUNG DES PHILOSOPHIEBEGRIFFS WURDE DIE GESCHICHTE NÖTIG

Durch die entdeckte Vielfalt an Denkweisen ebenso wie durch die Hervorbringung ganz neuer Systeme wurde es immer schwieriger, zu sagen, was Philosophie überhaupt ist. Schon im 18. Jahrhundert hatten sich alle Philosophiehistoriker bemüht, einen verbindlichen allgemeinen Begriff von ihr zu formulieren, aber ein solcher hatte sich so wenig durchgesetzt wie ein philosophisches System. Das war prekär, denn ohne einen Begriff von

Philosophie konnte man die philosophischen Texte nicht identifizieren und deshalb auch keine Philosophiegeschichte verfassen. Umgekehrt aber definierte man nur seine eigene Vorstellung von Philosophie, wenn man ihre Geschichte ausklammerte. In jedem Fall kann unter dieser Voraussetzung weder die Geschichtsschreibung noch die Bestimmung des allgemeinen Begriffs je als endgültig angesehen werden. Sie sind aufeinander angewiesen und konkretisieren sich wechselseitig.

Man kann nicht sagen, dass die heutige Philosophie mit jenem Problem besser zurechtkommt als vormals, denn da man jetzt nicht nur von chinesischer und indischer, sondern zum Beispiel auch von afrikanischer Philosophie spricht, obwohl man in den einschlägigen Sprachen nicht einmal ein passendes Übersetzungswort zur Verfügung hat, wurde erst recht fraglich, was Philosophie überhaupt ist. Die historische Forschung kann also nicht nur die eigene Identität der Fächer stabilisieren, sondern sie auch unsicher machen. Das gilt aber für alle Bereiche der Kultur.

WENNGLEICH EIN BEFREMDLICHER AUSDRUCK, GIBT ES FÜR DIE ENTSTEHUNG EINER „HISTORISCHEN PHILOSOPHIE" GUTE GRÜNDE

Da man um 1800 zur Erkenntnis gelangte, dass sich die Philosophie und ihre Geschichte nicht trennen lassen, erstaunt es nicht, dass manche Autoren sich mit beidem beschäftigten: Sie verfassten sowohl umfängliche Philosophiegeschichten als auch große, eigene Systeme. Da das eigene Denken immer auch Frucht der philosophiegeschichtlichen Arbeit war und die Geschichte wiederum im Licht des eigenen Denkens interpretiert wurde, konnte man die Bereiche auch vollkommen zusammenschließen.

Für diesen Zusammenschluss von systematischer und geschichtlicher Betrachtung prägte um 1800 Friedrich Schlegel den Ausdruck „historische Philosophie". Das war für die traditionelle Gelehrtenwelt ein Widerspruch in sich, da Historie (als Kenntnis vom Einzelnen) und Philosophie (als Wissen vom Allgemeinen) immer als Gegensätze gegolten hatten. Aber Schlegels programmatische Überlegungen heben den Widerspruch auf: Was man als Theorie und Historie trenne, das sei im Begriff der Geschichte verbunden (gemeint ist: Wenn wir die Geschichte interpretieren, verbinden wir Begriffe und Fakten). Die rein systematische Philosophie sei abstrakt und leer, so Schlegel, und könne dem steten Wandel der Welt nicht gerecht werden. Die historische Philosophie aber ermögliche sogar eine viel bessere Kritik als Kants Kritizismus, indem sie die Fülle an divergenten philosophischen Gedanken kritisch ins Auge fassen könne. Sie sei deshalb die einzig angemessene „Philosophie der Philosophie".[10]

Der Gedanke einer historischen Philosophie blieb aktuell. Yorck von Wartenburg schrieb an seinen Freund Dilthey, es gebe gar „kein wirkliches Philosophieren, welches nicht historisch wäre". Die Trennung des Historischen und Systematischen in der Philosophie mache angesichts

---

[10] Schlegel, Friedrich: Transzendentalphilosophie. Jena 1800–1801. *Kritische Friedrich-Schlegel-Ausgabe*, Bd. 12: Philosophische Vorlesungen 1800–1807 (München, Paderborn, Wien 1964), 96 ff. Derselbe: Die Entwicklung der Philosophie (Köln 1804–1805), ebenda, 110 ff. – Weitere Belege bei Scholtz, Gunter (2015): From Philosophical Historiography to Historical Philosophy, in: Hartung, Gerald und Pluder, Valentin (Hg.): *From Hegel to Windelband. Historiography of Philosophy in the 19th Century* (Berlin, Boston), 25–43, hier 29–32.

des geschichtlichen Bewusstseins keinen Sinn. Sie seien verbunden in der Kritik: „Alle wahrhaft lebendige und nicht nur Leben schillernde Historie ist Kritik."[11] Kant hatte trotz ihrer Verknüpfung noch Philosophie und Geschichte deutlich getrennt und mit seiner Transzendentalphilosophie einen Standpunkt über der Geschichte einnehmen wollen. Am Ende des 19. Jahrhunderts aber setzte sich die Überzeugung durch, dass man dem Strom der Geschichte nicht entkommt und nur *aus ihr* heraus sich über philosophische Fragen verständigen kann. Selbst eingefügt in den geschichtlichen Zusammenhang, greifen Philosophieren und Geschichtsverständnis ineinander. Besonders Martin Heidegger machte Yorcks Thesen bekannt.[12]

Was seit dem 20. Jahrhundert als „hermeneutische Philosophie" bezeichnet wird, war und ist fast immer eine geschichtliche oder historische Philosophie in jener Tradition des Denkens.[13] Ihr Begriff glänzt nicht durch Klarheit und Bestimmtheit, aber sie hat in der Regel den großen Vorteil, dass in ihr die Philosophie nicht in eine bloß historische, langweilige Philosophiegeschichte und in eine rein formale, inhaltsleere Philosophie auseinanderfällt.

VERSUCHE, SICH VON DER LAST DER PHILOSOPHIEGESCHICHTE ZU BEFREIEN, ENDEN OFT IM UNFREIWILLIGEN BEWEIS FÜR IHRE NOTWENDIGKEIT

Natürlich fand die philosophische Aufwertung der Philosophiegeschichte nicht nur Beifall. Vielmehr sahen einige darin den Untergang des wirklich philosophischen Denkens, das doch grundlegende Fragen unseres menschlichen Daseins beantworten und nicht Geschichten erzählen soll.

Ein erster radikaler Kritiker allen Historisierens war Arthur Schopenhauer, der Philosophie und Geschichte wieder zu Gegensätzen erklärte: Für die Philosophie, also für das Verständnis des Wesens der Welt, brauche man keine Geschichte. Aber diese Abstinenz hatte ihren Preis. Sein Denken kehrte den Umwälzungen seiner Zeit den Rücken, was nicht ganz gelang, die Philosophie verlor ihren Kontext, und Schopenhauer räumte ein, dass auch er seine Philosophie dem Studium historischer Positionen verdankte: „Ich gestehe [...], daß ich nicht glaube daß meine Lehre je hätte entstehn können, ehe die Upanischaden, Plato und Kant ihre Strahlen zugleich in eines Menschen Geist werfen konnten."[14] Und so beweist dieser Feind der Geschichte mit seinem Werk die Wichtigkeit der historischen Forschung in Philosophie und Geisteswissenschaften.

Eine ebenso scharfe Kritik äußerte rund 100 Jahre später in ganz anderer Weise Edmund Husserl. In seiner Abhandlung über die *Philosophie als strenge Wissenschaft* von 1911 beklagt er den Psychologismus und Histori-

---

11 Graf Paul Yorck von Wartenburg an Wilhelm Dilthey, Brief vom 11.2.1884. Dilthey, Wilhelm: *Briefwechsel*, hg. von Kühne-Bertram, Gudrun und Lessing, Hans-Ulrich. Bd. 2: 1882–1895 (Göttingen 2015), 66. – Brief vom 4.12.1887, ebenda, 172. – Brief vom 9.5.1881, a. a. O., Bd. 1 (Göttingen 2011), 854.

12 Heidegger, Martin (1960): *Sein und Zeit*. 9. Aufl. (Tübingen), § 77, 397–404.

13 Siehe Scholtz, Gunter: Was ist und seit wann gibt es „hermeneutische Philosophie"? In: *Dilthey-Jahrbuch für Philosophie und Geschichte der Geisteswissenschaften*, Bd. 8. (1992–93), 93–119, bes. 107 ff.

14 Schopenhauer, Arthur: *Der handschriftliche Nachlaß*, hg. von Hübscher, Arthur (1985), Bd. 1 (München), 422 (Manuskripte 1816, Nr. 623).

zismus, die sich nicht mehr um die Sachfragen kümmerten und einen allgemeinen Subjektivismus und Relativismus heraufgeführt hätten.[15] Doch je mehr Husserl versuchte, die Ursachen des allgemeinen Niedergangs der wahren, normgebenden Vernunftphilosophie zu analysieren, desto ausführlicher befasste er sich mit der Philosophie- und Wissenschaftsgeschichte und zeigte, dass es der Objektivismus der siegreichen empirischen Wissenschaften war und ist, der in der Neuzeit mehr und mehr die philosophische Vernunft außer Kraft setzt, sodass die Wissenschaften ihre „Lebensbedeutsamkeit" verloren haben und die Lücke in der Lebensorientierung durch vielerlei Irrationalismen kompensiert wird. Husserl verlangte jetzt sogar von den einzelnen Naturwissenschaften, sich mit der Geschichte dieser Wissenschaften zu befassen, um sich über die Grenzen und die Mängel ihrer Verfahren Rechenschaft geben zu können.[16]

Schopenhauers Geschichtsverachtung ist ein Beispiel dafür, dass Philosophen, die sich gänzlich von der Geschichte zu befreien streben und nur ihrem eigenen Verstand und ihren Intuitionen vertrauen, häufig von dem profitieren, was sie von ihren Lehrern und aus der Geschichte der Philosophie gelernt haben. Husserl aber machte andererseits deutlich, dass eine Verständigung über Begriff und Aufgabe der Philosophie nur im Zusammenhang mit der Philosophie- und Wissenschaftsgeschichte möglich ist, die Philosophie und die Wissenschaften aber für die Gesellschaft die größte Bedeutung haben.

WENN HEUTE IN DER PHILOSOPHIE DER NEUERE NATURALISMUS DER PHILOSOPHIEGESCHICHTE DEN RÜCKEN ZUKEHRT, TRENNT ER SICH AUCH VON DER PHILOSOPHIE

In der Philosophie der Gegenwart finden wir zwei neue Tendenzen, die nicht zusammenpassen. Die Wissenschaftsphilosophie trägt inzwischen auch der großen Bedeutung der Geschichte der Wissenschaften Rechnung, eine Ausrichtung, die besonders durch die Thesen von Thomas

S. Kuhn angeregt oder intensiviert wurde. Auf der anderen Seite aber floriert ein Naturalismus, der sich für die Geschichte der Philosophie und der Wissenschaften nicht mehr interessiert. In den Publikationen zur neuen *Philosophy of Mind*, dem Zentrum des heutigen Naturalismus, tauchen zum Beispiel die Namen von Hume, Kant und Husserl zumeist gar nicht mehr auf, da man sich allein auf das Studium der Ergebnisse von Hirnphysiologie und Kognitionswissenschaften beschränkt und sie auch als die einzig sichere Basis für die Lösung philosophischer Fragen wie der nach der Freiheit akzeptiert.[17] Dadurch entzieht sich diese Richtung dem, was bisher als wichtigste Aufgabe der Philosophie galt: der Reflexion auf die Grundlagen des Wissens. War die Philosophie immer darauf ausgerichtet, die Grundlagen und Grenzen der Wissenschaften zu klären, so bewegt man sich in der *Philosophy of Mind* nur in dem Rahmen,

---

[15] Husserl, Edmund (1911): Philosophie als strenge Wissenschaft. *Hua* Bd. XXV: *Aufsätze und Vorträge* (1911–1921), 3–62.

[16] Husserl, Edmund (1936): *Die Krisis der europäischen Wissenschaften und die transzendentale Phänomenologie. Hua* Bd. VI, § 2, § 15.

---

[17] Es gibt allerdings auch Konzeptionen, welche die Ergebnisse der Kognitionswissenschaften nur als eine Perspektive neben anderen betrachten. Siehe zum Beispiel Irrgang, Bernhard (2007): *Gehirn und leiblicher Geist. Phänomenologisch-hermeneutische Philosophie des Geistes* (Stuttgart).

den die empirischen Wissenschaften schon vorgeben, und versucht, mit deren Ergebnissen philosophische Probleme zu lösen – ohne Rücksicht darauf, dass spätestens seit dem Konventionalismus und Historismus in der Wissenschaftsphilosophie in besonderer Weise Vorsicht und Bescheidenheit im Umgang mit den Ergebnissen der empirischen Forschung geboten sind.

Indem er ganz selbstverständlich das empirische Wissen zur einzig sicheren Grundlage des Nachdenkens erklärt, entzieht sich der ahistorische Naturalismus aber auch der heute wichtigsten philosophischen Aufgabe, denn die rasante Entwicklung der Naturwissenschaften und der Technik wirft immer neue ethische Fragen auf, auf die keine andere Disziplin als die Philosophie Antworten geben kann. Die *Philosophy of Mind* aber hat für ethische Argumentationen keine Grundlagen mehr, zumal die Reflexion der Wissenschaften sich – wie schon angedeutet – heute immer auch über die Geschichte der Philosophie und Wissenschaften, die zu den Systemen der *Kultur* gehören, vollzieht. Wer also die gesamte Philosophie nur auf der Basis naturwissenschaftlicher Ergebnisse betreibt und die Philosophiege-

Abb. 2: Raffaels Fresko „Schule von Athen".

schichte ausklammert, der trennt sich damit auch von dem, was man bisher unter Philosophie verstand.

So begrenzt wie die neue naturalistische Philosophie aber sind die Naturwissenschaften selbst oft gar nicht. Zum Beispiel befasst sich die heutige Geografie im Bereich der Humangeografie mit den Veränderungen der Natur durch den Zivilisationsprozess sowie mit den Möglich-

keiten der Bewältigung ökologischer Probleme, und so ist sie auch mit der menschlichen Geschichte befasst und auf eine vernünftige Praxis ausgerichtet. Dafür rezipiert sie auch die Geschichte des menschlichen Naturverständnisses und Überlegungen aus der philosophischen Ethik und hat so eine weitere und deshalb auch philosophischere Perspektive als die ahistorische *Philosophy of Mind*.

NUR DURCH KENNTNIS IHRER GESCHICHTE KANN DIE PHILOSOPHIE IHREM ALTEN ANSPRUCH GENÜGEN, DEN FRAGEN NACH DEN LETZTEN GRÜNDEN UND URSACHEN UND DER IDEE DES GANZEN VERPFLICHTET ZU BLEIBEN

Unbestreitbar befinden wir uns in einer Zeit zunehmender Spezialisierung der Wissenschaften und des exponentiellen Wachstums an Forschungsergebnissen, wodurch inzwischen die großen Enzyklopädien wie die von Brockhaus und Meyer ihr Erscheinen eingestellt haben, da viele Artikel zum Zeitpunkt der Auslieferung der Bände schon wieder veraltet wären. In dieser Situation scheint auch die Philosophie als Spezialistin für das Ganze und Allgemeine veraltet und obsolet, ja geradezu lächerlich geworden zu sein.

Typisch für die Philosophie sind Fragen, die aufgrund der empirischen Forschung nicht zu beantworten sind: so die Frage nach den letzten Gründen des Seins und Wissens und nach einem Verständnis des Ganzen der Welt. Diese ihre alten Fragen sind allerdings keineswegs ganz verstummt, sondern wirken im Hintergrund fort. Dahinter steht noch immer unausgesprochen die Idee des Ganzen, die – wie Karl Acham ausführt – zur Objektivität der Erfassung eines Bereiches auch immer hinzugehört.[18] Man kann das mit den Hinweisen unterstreichen, dass halbe Wahrheiten in bestimmten Fällen ganze Lügen sein können und dass niemand seine Einseitigkeit als Tugend verteidigt.

Da ein hoch spezialisierter Wissenschaftsbetrieb mit seinem unendlichen Reichtum an Spezialwissen die Welt nicht verständlicher macht, sich vom menschlichen Leben entfernt und es verarmen lassen kann, wird deshalb als Gegenbewegung die Philosophie eigentlich erst recht nötig. Nur: Wie kann die Philosophie ihre Aufgabe als Korrektiv wahrnehmen, da sie ja inzwischen selbst in Spezialdisziplinen und in verschiedene Schulen auseinanderfällt?

Als in der Mitte des 19. Jahrhunderts eine große Zahl an philosophischen Systemen und Konzeptionen vorlag, die um Anerkennung stritten, wurde schließlich eine Wende zur Philosophiegeschichte vorgeschlagen,[19] da es leichter war, sich darüber zu einigen, was etwa Leibniz, Hume und Kant gesagt und gemeint hatten, als über die Richtigkeit der neuesten Systeme zu entscheiden. Das gilt noch heute. Der gemeinsame Bezug zu den klassischen Positionen der Geschichte hält die verschiedenen philosophischen Strömungen in der Gegenwart ein wenig zusammen. Dabei wird aber auch der Blick geweitet, und es wird eingeübt, dass es verschiedene Denkweisen gab, die nach wie vor für ein produktives Denken anregend und fruchtbar sein können.

Kant hatte erklärt, die menschliche Vernunft stelle mehr Fragen, als sie zu beantworten fähig sei, und zu solch sehr grundsätzlichen Fragen nehmen die historischen Philosophien oft Stellung. Diese Systeme sind für uns keine Wissenschaften, sondern – wie Dilthey ausführt[20] – Lebens- und

---

[18] Acham, Karl (2016): *Vom Wahrheitsanspruch der Kulturwissenschaften. Studien zur Wissenschaftsphilosophie und Weltanschauungsanalyse* (Wien, Köln, Weimar), 44 f.

[19] Siehe Scholtz, Gunter (1995): Metaphysik und Politik im Spätidealismus, in: Jaeschke, Walter (Hg.): *Philosophie und Literatur im Vormärz. Der Streit um die Romantik (1820–1854)* (Hamburg), 235–259, hier 244.

[20] Dilthey, Wilhelm: *Weltanschauungslehre. Abhandlungen zur Philosophie der Philosophie. Gesammelte Schriften,* Bd. 8 (Stuttgart 1960 u. ö.). Derselbe: Das Wesen der Philosophie.

Weltanschauungen, die jeweils das Ganze des menschlichen Daseins mit seinem Weltverhalten interpretieren, die aber miteinander im Streit liegen und über deren Wahrheit sich keine Einigung erzielen lässt.

Dennoch dürfen sie nicht vergessen werden. Abgesehen davon, dass sie – wie Dilthey darlegt – vom Einzelnen nach wie vor als gültig für das eigene Selbst- und Weltverständnis akzeptiert werden können, geben sie Aufschluss über das Wesen des Menschen und seine Geschichte, und sie stehen zuweilen im Hintergrund bestimmter Wissenschaften oder werden durch diese begünstigt.[21]

Am Beginn des 19. Jahrhunderts verstand man unter Weltanschauung nur die Zusammenfügung unserer jeweiligen Kenntnisse von der Welt zu einem Ganzen, und darin sah man sogar eine wichtige Aufgabe. Dergleichen entspricht einem Bedürfnis, das den Menschen zum Menschen macht und dem er nicht ausweichen kann. Die älteren Weltanschauungen haben bestimmte Wege vorgezeichnet und stellen nach wie vor den Anspruch auf Wahrheit – und dadurch provozieren sie fortgehend Kritik und neue Antworten. Würde alles metaphysische Fragen und jeder Blick auf das Ganze des Weltgeschehens aus der kritisch argumentierenden akademischen Philosophie verbannt, unterstützte man ungewollt absurde Ideologien und wilde Fantastereien, die bereitwillig die Lücke füllen.

Gesammelte Schriften, Bd. 5, 7. Aufl. (Stuttgart, Göttingen 1982), 339–416, hier bes. 399–406.

[21] Acham, Karl, a. a. O., 153 f. Diese Auffassung wird auch durch Dilthey bestätigt. Wenngleich für ihn Weltanschauungen wissenschaftlich nicht beweisbar waren, konnte er affirmativ von „unserer historischen Weltanschauung" sprechen (Scholtz, Gunter [2015]: Weltanschauung, in: Hand, Annika et al. [Hg.]: *Schlüsselbegriffe der Philosophie des 19. Jahrhunderts* [Hamburg], 457 ff.). Man kann fragen, ob nicht seine Lebensphilosophie ebenfalls eine Weltanschauung ist. – Ernst Topitsch (1975) hat deutlich gemacht, dass selbst die Grundlagen von Kants Kritizismus nicht weltanschauungsneutral sind: *Die Voraussetzungen der Transzendentalphilosophie. Kant in weltanschauungsanalytischer Beleuchtung* (Hamburg).